CARRIE FIRESTONE

Aus dem Englischen von Barbara König

Deutsche Erstausgabe
1. Auflage 2021
© der deutschsprachigen Ausgabe: Atrium Verlag AG,
Imprint WooW Books, Zürich 2021
Alle Rechte vorbehalten
Aus dem amerikanischen Englisch von Barbara König
© 2020 Text: Carrie Firestone
© 2020 Cover: Ana Hard
Originaltitel: DRESS CODED
© der amerikanischen Originalausgabe:
G. P. Putnam' Sons Books for Young Readers
*Published by arrangement with Pippin Properties Inc. through Rights
People, London.*
Satz: Pinkuin Satz und Datentechnik, Berlin
Druck und Bindung: CPI books GmbH, Leck
ISBN 978-3-96177-081-6

www.woow-books.de

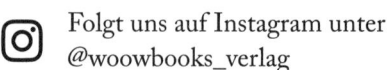

Folgt uns auf Instagram unter
@woowbooks_verlag

Für all die, die gegen die Vorschriften verstoßen,
obwohl man es nicht von ihnen erwartet hätte.
Und für die, die immer weitermachen,
das Denken verändern.

Molly Frost ist wütend.
Und sie will etwas ändern ...

Nicht in Ordnung: ein Kleider-Podcast
Episode eins

Ich habe noch nie einen Podcast gemacht, und ich habe keine Ahnung, ob ich das hier richtig angehe. Ich habe bisher überhaupt nur zwei Podcasts gehört: einen über einen berühmten Gitarristen und einen anderen über die Südstaaten-Küche. Beide haben mich nicht auf das vorbereitet, was ich hier sagen will. Aber ich habe das Gefühl, dass ich so am besten erzählen kann, was in Wirklichkeit dazu geführt hat, dass die gesamte achte Klasse der Fisher-Mittelschule Olivia Bonaventura hasst.

Es ist Zeit für die Wahrheit.

Ich: Ich heiße Molly Frost, und das hier ist Episode eins von *Nicht in Ordnung: ein Kleider-Podcast* – die wahre Geschichte über die Kleider-Katastrophe an der Fisher-Mittelschule. Das Ganze ist im Schulgarten passiert, genau neben dem Berg aus bunten Mutmachsteinen, dem Lieblingsprojekt von Mrs Tucker. Ich war dabei. Ich habe alles gesehen. Und nun sitze ich hier mit Olivia zusammen. Hi, Olivia, möchtest du uns erzählen, was passiert ist?

Olivia: Mach du das ruhig, Molly.

Ich: Bist du sicher? Es ist deine Geschichte.

Olivia: Du warst dabei.

Ich: Okay, also, alles fing am letzten Mittwoch an. Ich habe verschlafen und bin total panisch aufgestanden, weil die erste Stunde schon angefangen hatte. Mom hatte an dem Tag schon früh einen Termin, also musste ich laufen und habe die Abkürzung durch den Wald zur Schule genommen. Den Bus hatte ich längst verpasst. Im Schulgarten bin ich stehen geblieben, um mir die Schnürsenkel zuzubinden. Für die von euch, die die Fisher-Mittelschule nicht kennen: Der Schulgarten wurde vor langer Zeit zu Ehren der Schüler angepflanzt, die im Krieg gefallen sind. Als ich wieder hochschaute, sah ich dich vor Mr Dern und Dr. Couchman stehen. Ich weiß noch, dass Dr. Couchmans Gesicht ganz rot war und Mr Dern mit dem Finger auf dich gezeigt hat. Und du hast geweint.

Schweigen.

Olivia: Molly, kannst du mal kurz auf Stopp drücken?

Sendepause

Ich glaube, *Nicht in Ordnung: ein Kleider-Podcast* war doch keine gute Idee. Olivia sieht jedenfalls nicht besonders glücklich aus.

»Alles okay?«, frage ich und überprüfe noch einmal, ob das Aufnahmegerät wirklich ausgeschaltet ist.

Sie nickt. »Vielleicht lassen wir das Ganze einfach. Pearl hat gesagt, bis wir mit der Schule fertig sind, werden alle die Geschichte vergessen haben.«

»Olivia, alle hassen dich für etwas, was nicht deine Schuld ist. Das geht nicht. Das ist einfach nicht in Ordnung. Alle müssen wissen, was wirklich passiert ist.«

Natürlich werde ich das Olivia nicht erzählen: Aber als Mr Dern und Dr. Couchman sie angeschrien haben, weil sie ein königsblaues Tanktop mit Spaghettiträgern trug, da habe ich gesehen, wie ein Stückchen ihrer Seele ihren Körper verlassen hat. Bis zu dem Tag hatte ich immer gedacht, die Seele verlässt den Körper erst, wenn man stirbt, und zwar in einem Rutsch. Doch als ich Olivias Gesicht gesehen habe, ihre verschränkten Arme, die Tränen, die ihr über die Wangen liefen, die roten Flecken, die sich über ihre Brust ausbreiteten, da wusste ich, dass alles, was ich bisher über die Seele geglaubt hatte, falsch war. Die Seele verlässt den Körper in winzigen Seufzern. So wie wenn man nach und nach die Luft aus einem Ballon lässt.

Deswegen habe ich ihr zwei Tage später eine Nachricht geschrieben. Ich wollte eigentlich in der Schule mit ihr darüber reden, aber sie hat sich geweigert hinzugehen.

Ein Brief an die vierte Klasse

Wenn ich einen Brief an meine damalige vierte Klasse schreiben könnte, würde ich es kurz machen, denn in der vierten Klasse war unsere Aufmerksamkeitsspanne doch sehr begrenzt. Ich würde Folgendes schreiben:

Liebe vierte Klasse,
ihr findet bestimmt, dass das Wort *Busen* ein komisches Wort ist. Und das ist es auch. Aber das wird sich bald ändern. Okay, in der achten Klasse finden die Jungs es vielleicht noch lustig. Aber für die Mädchen in der achten Klasse ist nichts daran lustig. Denn wenn der Busen wächst, tut das manchmal weh, und manchmal wächst er nicht gleichmäßig und manchmal sogar über Nacht. Da besucht man seine Großeltern in den Frühjahrsferien in Florida, kommt zurück und hat plötzlich dicke Fleischklumpen, die aus dem T-Shirt hervorquellen. Und ehe man sich's versieht, steht man in einem Garten, zwei erwachsene Männer schreien einen an und bringen einen zum Weinen, weil einem das Shirt nicht mehr richtig passt. Oder es wird so laufen: Jeden Morgen, wenn man aufwacht, kneift man ganz fest die Augen zu und wieder auf und späht unter sein T-Shirt, in der Hoffnung, dass sich was getan hat. Und wenn nicht, zieht man einen BH an, den man ei-

gentlich gar nicht braucht, und darüber ein schlabbriges T-Shirt, damit bloß niemand merkt, dass man immer noch wie eine Viertklässlerin aussieht (nicht böse gemeint). Und dann läuft man neben seiner Freundin mit den Fleischklumpen im schlecht sitzenden T-Shirt und mit hängenden Schultern durch die Gegend. Denn inzwischen hasst man das Wort, das man mal so lustig fand. *Busen.* Es ist das schlimmste Schimpfwort in der Mittelschule.

Die Vorgeschichte

Früher war ich viel enger mit Olivia und Pearl befreundet.

Olivia war mit mir zusammen in der fünften Klasse und Pearl in der sechsten. Wir waren Mittagspausen-Freundinnen, aber keine Übernachtungs-Freundinnen und erst recht keine Doppel-Übernachtungs-Freundinnen. Wir haben über Hausaufgaben geredet, bei Versammlungen nebeneinandergesessen, und wenn wir in der Pause Mannschaften gebildet haben, haben wir uns gegenseitig zuerst gewählt (oder wenigstens als Zweite oder Dritte). Ich wusste, dass Olivia heimlich in Rahul verknallt war, und Pearl und ich sind mit ein paar von denselben Jungs gegangen. Miteinander gehen, das bedeutete in der fünften und sechsten Klasse: Man hat allen davon erzählt, seinen Pseudo-Freund aber nicht mal angeguckt, und eine Woche später hat man sich wieder getrennt.

Ich werde nie vergessen, wie Nick mir den Stuhl unterm Hintern wegziehen wollte und Olivia ihn geboxt und mich gerettet hat. Dafür musste sie zur Schulleitung. Ich hatte ein ganz schlechtes Gewissen, aber sie hat geschworen, dass es das wert war.

In der siebten Klasse haben Olivia und ich uns aus den Augen verloren, weil wir uns in der sechsten Klasse kaum gesehen hatten und weil Olivia dann in der siebten lauter Leistungskurse belegt hat. Und Pearl und ich haben uns aus den

Augen verloren, weil Pearl nicht snapchatten darf, was sie irgendwie zur Außenseiterin macht (ich wünschte, das wäre nicht so) und weil sie auch viele Leistungskurse belegt hat.

Ich bin in keinem Leistungskurs, weil ich in jeder Hinsicht ein sehr durchschnittlicher Mensch bin. Ich würde mal sagen, dass ich mir weder in der Schule noch beim Lacrosse, noch beim Klarinettespielen oder im Leben überhaupt besonders viel Mühe gebe. Aber im Vergleich zu meinem Bruder Danny bin ich ein Wunderkind.

Pearl und Olivia sind ziemlich gut befreundet. Ich schätze mal (da ich in diesem Schuljahr kaum mit Pearl *und* kaum mit Olivia gesprochen habe, weiß ich es ja nicht genau), dass die beiden Wir-sitzen-bei-einer-Exkursion-nebeneinander-im-Bus-Freundinnen und *vielleicht* Übernachtungs-Freundinnen sind, aber bestimmt nicht Doppel-Übernachtungs-Freundinnen.

In der siebten Klasse habe ich eine Zeit lang viel mit dem Lacrosse-Team rumgehangen. Es war einfach, sich nach dem Training zu treffen, und die Hälfte von uns durfte nur in Notfällen das Handy benutzen. Da blieb uns also gar nichts anderes übrig, als uns persönlich zu verabreden.

Als aber letzten Frühling in der Fisher-Mittelschule ein Lockdown ausgelöst wurde, weil vielleicht gerade jemand Amok lief, haben die Notfall-Handys nicht mehr aufgehört zu klingeln. Mrs Pullman meinte gehört zu haben, wie Chris Reynolds behauptete, er habe eine Bombe versteckt. Ob er das wirklich gesagt hat, weiß keiner so genau. Er wurde jedenfalls suspendiert. Seitdem das passiert ist, sagt meine

Mom immer, wenn sie mich vor der Schule absetzt, »Ich liebe dich«, sogar wenn sie wegen Danny schlecht drauf ist. Und mindestens zweimal im Monat sagt sie zu mir: »Falls es tatsächlich einen Amoklauf gibt, musst du nicht unbedingt das tun, was dir die Lehrer sagen. Hör auf deinen Bauch. Wenn du meinst, du musst rennen, dann renn. Wenn du meinst, du musst dich verstecken, dann versteck dich.« Ich traue meinem Bauch nicht so richtig, doch das sage ich ihr lieber nicht.

Seit ich in der Achten bin, sind Navya, Ashley und Bea meine engsten Freundinnen. Sie belegen auch keine Leistungskurse, aber Navya ist die beste Lacrosse-Spielerin in der Mannschaft, Bea eine so tolle Künstlerin, dass sie auf Geburtstagspartys 50 Dollar am Tag fürs Kinderschminken verdient, und Ashley hat ein Schwimmbad und einen Whirlpool. Sie hängen gerne mit mir rum, weil ich lustig bin.

Mehr muss man nicht über mich und mein Leben wissen, bevor ich mitangesehen habe, wie Olivia im Freundschaftsgarten gekleiderordnet wurde (so nennen wir das, wenn jemand gegen die Kleiderordnung verstößt und verwarnt wird), während Pearl mit einer rosa Jogginghose in den Händen danebenstand.

Ach ja, aber ich wollte noch erwähnen, dass mein Bruder Danny die gesamte Kraft meiner Eltern beansprucht, da er ein Vape-Junkie ist. In ihrer Freizeit durchsuchen meine Eltern gerne Dannys Zimmer und Rucksack, verstecken ihr Bargeld, damit Danny es nicht klaut, um Pods für seine E-Zigaretten zu kaufen, und rufen bei Ärzten an, um zu fragen, wie lange es wohl dauert, bis er eine Popcorn-Lunge hat.

Ich kenne mindestens 20 Schüler in der achten Klasse, die von Danny diese Pods mit E-Liquid bekommen haben.

So verdient er sich sein Geld.

Er braucht Moms und Dads Bargeld gar nicht.

Ein Brief an die Eltern

Liebe FMS-Eltern,

mit großem Bedauern muss ich Sie darüber in Kenntnis setzen, dass die Klassenfahrt zum Strawberry Hill State Park nicht stattfinden wird. Wie Sie sich erinnern werden, hatte ich am 25. Februar einen Brief verschickt, in dem ich einen herrlichen Campingausflug versprochen habe, wenn unsere achte Klasse sich an die vorgeschriebene Kleiderordnung hält. Fast das ganze Schuljahr über haben Ihre Kinder das ordnungsgemäß getan. Aber vor Kurzem hat eine Schülerin die Regeln verletzt, und nachdem wir ihr mehr als reichlich Gelegenheiten geboten haben, den Auflagen nachzukommen, hat sie sich bis zuletzt geweigert. Nun, so sind die Vorschriften.

In dem Bemühen, ein Lernumfeld zu schaffen, das frei von Ablenkungen ist, möchten wir Ihre Kinder dazu ermutigen, sich an die Verhaltensregeln unserer Schulordnung zu halten. Ich danke Ihnen für die Aufmerksamkeit, die Sie dieser Angelegenheit widmen. Sollten Ihrer Familie deswegen irgendwelche Unannehmlichkeiten entstanden sein, bitten wir dies zu entschuldigen.

Mit besten Grüßen
Jim Couchman, Pädagogischer Leiter

Wills Nachrichten

Mein bester Freund Will schreibt mir: Ich hasse Zelten, aber das war ja wohl total daneben. Ich dachte, Olivia wäre normal.

Will ist mein Nachbar. Wir wohnen Garten an Garten, und als wir acht und unzertrennlich waren, haben unsere Väter uns das Baumhaus gebaut. Wir sehen uns kaum noch, weil er süchtig nach so einem Computerspiel ist, von dem ich noch nie gehört habe. Und auch, weil unsere Eltern nicht mehr so viel Zeit miteinander verbringen, seit Mom wegen Danny so gestresst ist.

Unsere Mütter sagen immer: »Falls ihr zum Abschlussball keine Verabredung habt, könnt ihr ja zusammen hingehen.« Das sagen sie schon, seit Will und ich uns regelmäßig um die Kräcker in der Schnabeltasse geprügelt haben.

»Es ist nicht mehr so, wie als du zum Abschlussball gegangen bist«, erkläre ich meiner Mutter. »Das interessiert heute keinen mehr. Vielleicht gehe ich mit einem Jungen oder einem Mädchen oder mit einer Gruppe.«

Dann legt sie den Kopf ein wenig zur Seite, berührt mit ihrer Hand mein Bein und sagt: »Bist du bisexuell, Molly? Denn das ist völlig und total okay.«

»Wie kommst du darauf? Nur weil ich vielleicht oder vielleicht auch nicht mit jemandem zum Abschlussball gehen werde?«, frage ich.

Dieses Gespräch haben wir schon mindestens fünf Mal geführt.

Ich schreibe Will zurück. Was soll das denn heißen? Warum ist Olivia nicht normal?

Will antwortet: Wenn sie normal wäre, würde sie nicht versuchen, so viel Aufmerksamkeit auf sich zu ziehen.

Ich bin zu wütend, um zu antworten

Nicht in Ordnung: ein Kleider-Podcast
Episode eins (Take 2)

»Warum machen wir es diesmal nicht anders? Ich erzähle ein bisschen was über die Hintergründe, und dann stelle ich dir Fragen, und du kannst einfach nur antworten, wenn du willst.«

»Das klingt gut«, sagt Olivia und lehnt sich gegen den frei liegenden Baumstamm.

Ich: Hallo, Fisher-Mittelschule und alle anderen da draußen. Hier ist Molly Frost, und ihr hört gerade *Nicht in Ordnung: ein Kleider-Podcast.* Bei mir ist Olivia. Sie wurde neulich angeschrien, weil sie ein Tanktop zur Schule getragen hat. Wie viele von euch bereits wissen, hat die Schulleitung im Februar mit der achten Klasse eine Vereinbarung getroffen: Wenn wir es schaffen würden, uns für den Rest des Schuljahres an die Kleiderordnung zu halten, würde Dr. Couchman mit uns eine Klassenfahrt zum Strawberry Hill State Park machen. Nachdem Dr. Couchman Olivia gedemütigt hat, hat er verkündet: Die Klassenfahrt ist abgesagt, weil eine gewisse junge Dame sich ganz egoistisch entschieden hat, die Kleiderordnung zu missachten. Einer unserer Klassenkameraden (ja, du bist gemeint, Jack Reese) hat mitbekommen, wie Dr. Couchman mit Mrs Peabody darüber gesprochen hat, und hat dann in der ganzen Schule herumerzählt, Olivia sei schuld daran, dass die Klassenfahrt gestrichen wurde.

Ich drücke auf Pause und sehe Olivia an. Sie hält den Daumen hoch.

Ich: Ich bin hier, um euch zu sagen, dass jede Geschichte immer zwei Seiten hat. Ich war Zeugin des Vorfalls, und ich finde, dass Olivia die Chance bekommen soll, zu erzählen, wie sie das Ganze erlebt hat. Deshalb habe ich sie heute eingeladen.

Wir hören ein Knarren, und ich drücke noch einmal auf Pause. Pearl steigt durch die Falltür des Baumhauses. »Wo warst du?«, frage ich.

»Beim Tennis«, sagt sie. Sie setzt sich neben Olivia und nimmt sich einen Ingwerkeks. Damit Olivia sich bei unserer zweiten Aufnahme wohlfühlt, habe ich vorher das Baumhaus aufgeräumt und Kissen verteilt, um es gemütlicher zu machen, und ich habe auch Kekse und Gläser mit Limonade samt unseren neuen Edelstahl-Strohhalmen mitgebracht.

Ich halte mir den Finger an den Mund, weil ich sehen kann, dass Pearl anfangen will zu sprechen.

Ich: Willkommen, Olivia, und danke, dass du bei *Nicht in Ordnung: ein Kleider-Podcast* mitmachst. Bevor du uns erzählst, was passiert ist, kannst du uns vielleicht ein bisschen was zu den Hintergründen sagen. Bist du vorher schon mal gekleiderordnet worden?

Olivia: Ja. Die Fingerspitze hat mich immer wieder verwarnt und Miss Wells letztes Jahr auch, weil meine Turnhose zu kurz war.

Ich: Keine Überraschung. Und was ist dann passiert?

Olivia: Sie hat mich zur Seite genommen und wollte mich zur Schulleitung schicken, dann habe ich sie gefragt, ob ich nicht einfach meine normalen Shorts anziehen kann, und sie hat gesagt, dass das in Ordnung ist, aber dass ich nie wieder diese Turnhose anziehen soll.

Ich: Und wie hast du dich da gefühlt?

Olivia: Ich war genervt, denn als wir angefangen haben, unsere Runden zu laufen, fing es an zu schütten, und ich musste für den Rest des Tages in klatschnassen Shorts rumlaufen.

Ich: Schrecklich. Das tut mir echt leid. Mal abgesehen von der Kleiderordnung, wie findest du die Schule?

Olivia: Ganz okay. Ich versuche, mich auf die Naturwissenschaften zu konzentrieren, weil ich diesen Sommer ins MINT-Camp gehe.

Ich: Oh, das ist ja cool. Okay, dann kommen wir mal zur Sache. Ich habe eine weitere Zeugin eingeladen. Sag Hallo, Pearl.

Pearl: Hallo.

Ich: Pearl wird sich im Laufe des Podcasts äußern. Doch jetzt zu dir, Olivia. Magst du uns erzählen, was passiert ist?

Olivia holt tief Luft und zerbröselt einen Keks. Die Krümel fallen auf den rosa Plastiktisch, den meine Cousine Shannon uns geschenkt hat, nachdem das Baumhaus fertig war.

Olivia: Ich bin nach dem Matheunterricht zu meinem Schließfach gegangen. Ich brauchte mein Handy, weil ich meine

Schwester anrufen musste und sie fragen wollte, ob sie mir was vorbeibringen kann. Ich habe gar nicht darüber nachgedacht, dass ich ein Tanktop trage.

Ich: Willst du uns sagen, was deine Schwester dir bringen sollte?

Sie schüttelt den Kopf und gibt ein lautloses Nein von sich.

Olivia: Nee, lieber nicht. Ich bin also den Flur auf der Südseite entlanggegangen, und aus dem Augenwinkel habe ich Dr. Couchman gesehen. Er hat andauernd nur »Hey« gerufen, aber ich bin einfach weitergegangen. Dr. Couchman kennt ja keine Namen außer die der Baseballspieler. Schließlich ist er mir hinterhergerannt, hat mir auf die Schulter getippt und mich gebeten, ihm nach draußen zu folgen. Da habe ich echt Angst gekriegt. Mr Dern saß in seinem Kursraum, und Couchman hat bei ihm ans Fenster geklopft und ihn zu sich gewunken. Dann haben sie beide angefangen, auf mich einzureden: Ich würde gegen die Kleiderordnung verstoßen, alle anderen hätten sich seit über acht Wochen daran gehalten, ob mir das klar sei, wie ich nur so egoistisch sein könnte, ich sei schuld, dass unsere Klassenfahrt nicht stattfindet.

Ich: Wie hast du reagiert?

Olivia: Ich war total fertig. Ich habe darum gebettelt, noch eine Chance zu bekommen. Couchman hat gesagt, er würde es sich überlegen, wenn ich mein Sweatshirt anziehen und nie wieder gegen die Vorschriften verstoßen würde.

Ich: Und hast du?

Sie schaut nach unten und faltet die Hände.

Olivia: Nein. Ich habe ihnen gesagt, dass ich das nicht tun kann, dass mein Sweatshirt da bleiben muss, wo es ist. Sie haben gesagt, ich würde die Verhaltensregeln missachten, sei respektlos, und haben mich ins Sekretariat geschickt, und ich musste meine Eltern anrufen.

Ich: Was haben deine Eltern gesagt?

Olivia: Sie arbeiten beide und hätten nicht den ganzen Weg zur Schule fahren können, um mich abzuholen. Also habe ich meine Schwester angerufen. Sie ist auf der Highschool und hatte selbst Unterricht, aber sie hat mich trotzdem abgeholt und nach Hause gebracht und ist dann noch mal los, um mir bei Starbucks einen Eistee und einen riesigen Schoko-Cookie zu holen. Das war echt nett von ihr. Sie hat an ihrer Schule deswegen nämlich großen Ärger bekommen.

Ich bin neidisch. Es war wirklich ziemlich nett von Olivias Schwester, sie abzuholen, zu Starbucks zu fahren und ihretwegen Ärger zu riskieren. So was würde Danny nie für mich machen.

Ich: Olivia, ich muss dich jetzt etwas fragen, und das wird richtig peinlich.

Sie starrt mich an. Ich wünschte, ich könnte behaupten, dass ich weiß, wie sie sich fühlt. Kann ich aber nicht. Ich kann es mir nur vorstellen, denn – wie meine Mom immer sagt – ich bin eine Spätentwicklerin. Ich habe den Körper einer Neunjährigen.

Pearl stellt sich neben Olivia und legt ihr die Hand auf die Schulter.

Olivia: Können wir aufhören? Ich will lieber, dass mich die ganze Klasse hasst, als darüber zu reden.

Das kann ich ihr wirklich nicht verdenken.

Ich: Ja. Wir hören auf.

Begriffserklärungen

Ordnung *(Substantiv)*
Art und Weise, wie etwas geregelt ist, zum Beispiel die Kleiderordnung.

In Ordnung sein *(umgangssprachlich)*
1. einwandfrei sein
2. gesund sein; sich wohlfühlen
3. nett, zuverlässig, sympathisch sein

Jemanden zur Ordnung rufen *(Wendung)*
zurechtweisen, [offiziell] zur Disziplin ermahnen

Beispiele:
An der Fisher-Mittelschule gibt es eine Kleiderordnung.
Die Fingerspitze fand es nicht in Ordnung, dass man meinen BH-Träger sehen konnte.
Mein Lehrer hat mich zur Ordnung gerufen, weil mein Knie ihn abgelenkt hat.

Eine kurze Geschichte der Kleiderordnung

»Komm, wir lassen das einfach«, sagt Olivia. »Ich finde es wirklich nett, dass du mir helfen willst. Aber ich überlege echt, ob ich meine Eltern nicht anbetteln soll, zu Hause unterrichtet zu werden.«

Pearl und ich sehen uns an.

Dann sagt Pearl: »Ich habe letztes Jahr in Kunst aus Versehen die Gummis von meiner Zahnspange auf einem Papiertuch liegen lassen, und dann hat Nick allen erzählt, dass ich eklig bin. Da habe ich meine Eltern auch gebeten, zu Hause unterrichtet zu werden.«

»Nick ist eklig«, sage ich.

Wir essen Kekse und starren aus dem Fenster. Ich war schon lange nicht mehr im Baumhaus.

»Noch etwas«, sage ich, aber Olivia unterbricht mich.

»Warum gibst du dir eigentlich so viel Mühe, Molly?« Mit todernster Miene sieht sie mich an. »Also, wir sind doch gar nicht mehr wirklich befreundet.«

»Weil es nicht richtig war, was sie mit dir gemacht haben. Und uns zu bestechen, indem sie uns eine Klassenfahrt anbieten, ist auch nicht in Ordnung.«

Aus der Grundschule kannten wir so etwas wie eine Kleiderordnung nicht. Als wir also auf die Fisher-Mittelschule kamen, haben sie uns das Schülerhandbuch gegeben, in dem alle Sachen aufgelistet waren, die wir nicht anziehen durften.

Im Sommer vor der siebten Klasse bin ich mit meiner Freundin Liza zum Shoppen zu *Forever 21* gegangen. Das war echt was Besonderes, denn bis dahin musste ich mit Mom immer in irgendwelche Billigketten. Ich habe mir total süße Shorts und ein lilafarbenes Tanktop ausgesucht, und Liza hat sich die gleichen Shorts gekauft, aber ein grünes Tanktop, weil das zu ihren Augen passte (wir wollten auch nicht *genau* das Gleiche anhaben). Wir durften uns teure weiße High-Top-Sneaker und Lokai-Armbänder kaufen und, nachdem wir lang genug geübt hatten, endlich ein bisschen geschminkt in die Welt hinausgehen.

Wir fühlten uns schön.

Liza wurde gleich am ersten Schultag in der siebten Klasse gekleiderordnet. Bevor sie uns überhaupt das Handbuch gegeben haben. Bevor wir überhaupt wussten, wo unser Klassenzimmer ist. Ich war nicht dabei, aber mir wurde gesagt, dass die Fingerspitze Liza im Flur erwischt hat. Sie hat sie gezwungen, ihre Arme lang nach unten zu strecken, und sie dann darauf hingewiesen, dass ihre Fingerspitzen über ihre Shorts reichen und dass so etwas hier nicht erlaubt ist. Liza hat sich wohl so fest auf die Unterlippe gebissen, dass sie geblutet hat. Sie wollte nicht weinen.

Nachdem ich das gehört habe, habe ich meinen ersten Tag auf der Mittelschule dann damit verbracht, mich zu verstecken. Ich hatte nämlich die gleichen Shorts an wie Liza. Meine Freundinnen meinten, dass ich mir keine Sorgen machen müsste, da mein Hintern viel kleiner sei als Lizas. Gerecht war das nicht.

Liza und ich haben unseren Müttern nichts von der Kleiderordnung erzählt. Wir wollten nicht, dass sie wütend darüber wurden, so viel Geld für Shorts und Tanktops ausgegeben zu haben, die wir in der Schule gar nicht tragen durften. Liza hat dann ihre Sachen aus der sechsten Klasse angezogen, die alle viel zu klein waren, und musste wegen zu enger Kleidung in dem Jahr drei Mal nachsitzen.

»Was sollen wir denn deiner Meinung nach machen?«, fragt mich Olivia.

»Wir lassen den Podcast erst mal, holen Bea, Ashley und Navya dazu und erzählen ihnen, was passiert ist«, sage ich. »Sie sind total in Ordnung, und ich glaube, sie können uns helfen.«

»Äh«, sagt Olivia. »Okay. Warum nicht? Nächstes Jahr gehe ich eh nicht mehr zur Schule.«

Die Fingerspitze

Wir wissen nicht, wie sie wirklich heißt.

Sie nennt sich Kontaktlehrerin. Aber der einzige Kontakt, den sie zu den Schülerinnen hat, besteht darin, Mädchen anzustarren, nach ketzerischen BH-Trägern oder nackten Schultern Ausschau zu halten und dann herumzuschreien. Manche Mädchen werden sechs-, siebenmal am Tag von ihr verwarnt – denn die Fingerspitze merkt sich nie, wen sie schon schikaniert hat.

Inzwischen ist es schon ein Initiationsritus am ersten Schultag. Die Mädchen aus der achten Klasse warnen die Mädchen aus der siebten: Haltet euch von der Fingerspitzen-Furie fern, schleicht davon oder rennt!

Die Fingerspitze ist dafür berüchtigt, dass sie Mädchen zwingt, stehen zu bleiben und ihre Arme lang zu strecken, um zu sehen, ob sie über die Shorts reichen. (Das tun sie meistens, denn so lange Shorts gibt es fast nirgendwo zu kaufen.)

Das Leben an der Fisher-Mittelschule ist also ein einziges Gezerre. Wenn du die Fingerspitze siehst, dann zieh deine Shorts runter. Aber zerr nicht zu sehr, sonst sieht man deinen Bauch. Am besten ist es, ihre Abläufe zu kennen, dann kann man ihr ganz aus dem Weg gehen. Aber falls sie dich doch erwischt: *bloß keine Widerworte geben.*

Sie hat ihre Lieblingsopfer: die größeren Mädchen, die,

die schon Busen und Hintern haben, die hübschen Mädchen und die mit langen Beinen.

Einen Jungen hat sie noch nie verwarnt.

Manche glauben ja, dass die Fingerspitze eigentlich ein Roboter ist. Ein Roboter mit schlechtem Haarschnitt, orthopädischen Schuhen und einer schmuddeligen weinroten Strickjacke. Manchmal zwingt sie Schülerinnen, die Jacke anzuziehen, wenn sie selbst nichts dabeihaben, um verbotene Körperstellen zu bedecken. Und Dr. Couchman hat den Fingerspitzen-Roboter so programmiert, dass er sieben Sachen sagen kann:

1. Streck deine Arme lang.
2. BH-Träger.
3. Sieh dich vor.
4. Zieh es hoch.
5. Zieh es runter.
6. Was muss ich noch tun, damit ihr Mädchen endlich zuhört?
7. Zur Schulleitung. Jetzt.

Ob Roboter oder Mensch, die Fingerspitze und ihre Strickjacke sind auf der Schule genauso beliebt wie Mathearbeiten, Montage und muffig-stinkende Hamburgerbrötchen.

Wenn es für einen guten Zweck ist, darf man seine Freundinnen auch mal austricksen

Ich ködere meine Freundinnen mit Pizza. Warum sie alles stehen und liegen lassen und sofort zu mir kommen sollen, sage ich ihnen nicht.

Meine Eltern sind bei Kollegen von Dad zum Abendessen, und ich habe kein Geld. Also zwinge ich Danny, mit seinem Geld zu bezahlen. Mit dem Geld, das er damit verdient, Vaping-Zeug an meine Mitschüler zu verkaufen. Das heißt, die Pizza, die ich an meine Freundinnen verfüttere, wurde mit Verbrechergeld bezahlt. Das fühlt sich eklig an, aber es dient einem höheren Zweck.

»Ich muss los. Ich habe echt viele Hausaufgaben«, sagt Pearl.

Ich weiß, dass Pearl sich schuldig fühlt. Hätte sie Olivia gleich ihre Jogginghose angeboten, anstatt zu zögern, zu ihrem Schließfach zu gehen und dann auf der Suche nach Olivia durch die ganze Schule zu laufen, wäre das alles nicht passiert.

»Mach sie doch hier«, sage ich. »Wir stören dich nicht.«

Olivia und ich legen uns auf den Boden und beobachten einen Schwarm Vögel, der hektisch zwischen unserem und einem anderen Baum hin- und herfliegt. Pearl hängt die Zunge raus, während sie versucht, sich auf Mathe zu konzentrieren.

»Stört es dich, einen Busen zu haben?«, frage ich und zeige auf Olivias Brust.

»Ja. Stört es dich, keinen Busen zu haben?«, fragt sie.

»Ja.«

Sie lacht. »Weißt du noch, als wir alle keinen Busen hatten und sich in der Pause einfach alles um unsere Pseudofreunde gedreht hat?«

»Das waren noch Zeiten.«

Ein lauter Schlag lässt uns hochschrecken. Jemand pocht gegen den Baumhausboden.

Ich ziehe am Seil, und die Falltür geht auf. Ashley steckt ihren Kopf durch die Öffnung und klettert zu uns hoch. Sie macht ein langes Gesicht und sieht gleichzeitig verwirrt aus. Wie unser Hund Thibodeaux, wenn der Papagei meiner Cousine zurückbellt.

»Wartet mal! Was?«, sagt Ashley und schaut zu Navya und Bea, die direkt hinter ihr sind.

»Reg dich ab und kommt erst mal rein«, sage ich.

Mit geballten Fäusten stellen sie sich in die Ecke – na ja, stehen kann man das nicht so wirklich nennen, dafür ist die Decke inzwischen für uns zu niedrig.

»Setzt euch«, kommandiere ich. Ich weiß nicht so recht, warum ich plötzlich so diktatorisch bin. Ich glaube, diese zwei Minuten im Garten, als ich zusehen musste, wie Couchman und Dern meine alte Freundin gedemütigt haben, haben meine DNA für immer verändert.

»Hallo, Leute«, sagt Pearl, schließt ihr Mathebuch und stopft es in ihren Rucksack.

Ziemlich sicher denken meine Freundinnen jetzt: Warum ist Pearl hier in Mollys Baumhaus mit dem Mädchen, das uns das Schuljahr versaut hat?

»Frauen, ich habe euch eingeladen, um etwas klarzustellen. Ich weiß Bescheid und Pearl auch. Olivia ist unschuldig. Die wahren Schurken sind Couchman und sein mieser Komplize Dern.«

Ich sollte Märchen schreiben.

»Okaaayyyy«, sagt Navya. Auf engem Raum und wenn sie sauer ist, kann sie manchmal schwierig sein.

»Setzt euch«, sage ich.

Und das tun sie.

Was wir auf unserer Klassenfahrt zum Strawberry Hill State Park machen wollten

1. Aus dem Zelt schleichen und uns mit den Baseball-jungs im Wald treffen, um Wahrheit oder Pflicht zu spielen. (Das kommt von Ashley, weil wir anderen die Baseballjungs nicht mögen.)
2. Anziehen, was immer wir wollen, weil uns die Kleiderordnung dann ja egal sein kann.
3. So viele Tüten Gummibärchen wie möglich essen. (Das kommt von Bea, weil sie kurz vor der Klassenfahrt ihre Zahnspange loswird.)
4. Um Mitternacht im See schwimmen.
5. Versuchen, die ganze Nacht wach zu bleiben.

Mein Plan funktioniert

Nachdem ich ihnen gesagt habe, was ich gesehen habe, müssen Ashley, Navya und Bea nicht mehr groß überzeugt werden. Erst recht nicht, als Pearl auch noch davon berichtet, wie sie Olivia auf die Schulter getippt hat, als die nach dem Naturwissenschaftskurs aufgestanden ist, und ihr etwas ins Ohr geflüstert hat, was kein Mädchen je hören will. Olivia erzählt, wie peinlich ihr das war, wie sie zur Schulschwester wollte, aber Angst hatte, dort auf einen Jungen zu treffen, der sich gerade die Ohren kontrollieren lassen will oder ein Pflaster braucht. Also ist sie zu ihrem Schließfach gestürzt, um ihr Handy zu holen und ihre Schwester anzurufen, damit die eine neue Hose bringt. Schließlich berichtet Pearl, dass sie eine neue rosafarbene Jogginghose in ihrem Schließfach hatte, die sie für Olivia geholt hat, und dann auf der Suche nach ihr durch die Schule gelaufen ist. Dabei hat sie gesehen, wie Couchman Olivia in den Garten dirigiert hat.

Als wir fertig sind mit Erzählen, umarmen Navya, Ashley und Bea Olivia. Und zwar richtig, so, dass sie ein paar Sekunden lang keine Luft mehr bekommt.

»Wir organisieren selber einen Campingausflug«, sagt Bea. »Es ist ja nicht so, dass er mit uns nach Europa reisen wollte oder so.«

»Ihr kapiert, warum er das getan hat, oder?«, sage ich. »Er hat uns bestochen, damit wir tun, was er will, wie brave kleine

Kinder. Und es hat funktioniert. Wir sind darauf reingefallen.«

»Ich wette, er hat die Fingerspitze geradezu angewiesen, eine zu finden, die gegen die Kleiderordnung verstößt, damit er die Klassenfahrt absagen kann«, sagt Navya.

»Olivia, du warst das Opferlamm«, sagt Pearl.

»Was ist das denn?«, fragt Ashley.

Pearl sieht verwirrt aus. »Weiß ich auch nicht so richtig.«

Danny bringt die Pizza

Wir regen uns weiter über Couchman, Dern und die Lehrer auf, die uns seit der siebten Klasse das Leben zur Hölle machen. Danny schickt mir eine SMS: Er hat nach uns gerufen, und ob ich jetzt bitte die Dannys-Lieblingsschimpfwort-das-ich-hier-nicht-nennen-will-Pizza holen könnte?

Nicht in dem Ton, schreibe ich zurück. Ich weiß Bescheid.

Gegen Danny belastende Beweise in der Hand zu haben, gibt mir eine Menge Macht.

Bea und Navya klettern ein Stück die Leiter hinunter und nehmen meinem Bruder die Pizza und die Zweiliterflasche Sprite ab, die er ihnen hinpfeffert und davonstürmt. Ich weiß nicht, ob Olivia oder Pearl von seinen »Geschäften« wissen, deswegen halte ich dicht.

Einige Mädchen aus der Lacrosse-Mannschaft rauchen das Zeug. Ich möchte sie mit zu mir nach Hause nehmen und sie in Moms Schrank verstecken, damit sie sehen können, wie sie sich voller Sorge um meinen Bruder in den Schlaf weint. Dann würden sie vielleicht aufhören. Aber wer weiß? Die Gefühle ihrer Eltern sind den Kindern manchmal egal.

»In welcher Klasse ist Danny jetzt?«, fragt Pearl.

»Der elften.«

»Hasst er dich immer noch?«

»Keine Ahnung«, sage ich und wechsle das Thema.

Wir inhalieren die Pizza geradezu und versuchen abwechselnd, keine Spucke in die Sprite-Flasche abzusondern, da Danny es nicht für nötig gehalten hat, uns Becher mitzubringen.

»Können wir jetzt also dafür sorgen, dass alle aufhören, Olivia zu hassen?«, frage ich.

Alle sagen Ja.

»Es ist eine biologische Funktion«, sagt Navya. »Die betrifft uns doch alle.«

»Nicht alle«, sagt Olivia.

»Okay, die Hälfte von uns allen.«

»Wie wäre es, wenn wir statt eines Podcasts – echt peinlich, Molly – einfach den Flurfunk lostreten?«, fragt Bea.

»Was meinst du damit?«, frage ich.

»Wir erzählen es einfach den Mädchen, die wir kennen, bis es irgendwann alle wissen. Und ja, Olivia, dann ist es immer noch peinlich, aber dann werden sogar die Jungs verstehen, in welcher Lage du warst.«

»Sie haben Mütter«, sagt Pearl.

Ich glaube, wir haben Olivia so langsam überzeugt. Ich bin mir ziemlich sicher, dass sie einfach zurück zu ihren Naturwissenschaften und ihrem normalen Leben will. »Und das Gute ist, bald ist Sommer, und im MINT-Camp wird niemand davon wissen«, sage ich.

Da entspannt sich Olivias Gesicht ein wenig. »Dann macht. Startet den Flurfunk.«

Wir haben gerade die Erlaubnis zum Tratschen erhalten, ein sehr befreiendes Gefühl.

Navya isst den ganzen Käse von Beas Pizza, und Bea isst ihren Rand. Das ist wahre Freundschaft.

Olivia wird noch einmal von allen umarmt, bevor sie nach Hause gehen, um ihre dreckige Lacrosse-Wäsche zu waschen oder Eis zu essen oder für Mathe zu lernen oder sich über die Kleiderordnung aufzuregen. Ich rege mich über mich selbst auf, weil ich mich von der Aussicht auf eine Klassenfahrt habe beeinflussen lassen.

Mittagsstunden-Runden

Pearl ist nicht die Einzige, die sich fragt, ob Danny mich noch hasst. Als Danny in die Mittelschule kam, wurde es richtig schlimm. Vorher war es das auch schon – er war nie nett zu mir oder zu meinen Eltern oder zu Tibby, zu niemandem eigentlich. Aber er hatte gute Tage, und er hatte schlechte Tage. In der Mittelschule waren es dann nur noch schlechte Tage.

Mom musste ihn immer wieder abholen, weil er sich prügelte, frech zu den Lehrern war, fluchte. Ich kann mich nicht mehr an alles erinnern. Damals habe ich angefangen, mich in meinem Zimmer zu verstecken.

In der fünften Klasse hat mich die Beratungslehrerin Ms Mary zu den geheimnisvollen Mittagsstunden-Runden eingeladen. Sie hat gesagt, dass es eine besondere Einladung sei und dass wir Pizza bestellen könnten und jeder zwei Eis bekäme. Wir haben Brettspiele gespielt und Musik gehört und mit anderen besonderen Kindern rumgehangen. Es war jeden Freitag mein Highlight.

Zuerst haben wir uns über Familienurlaube unterhalten und über Serien, die wir mochten. Dann hat uns Ms Mary von einem Freund berichtet, der Krebs hatte, und Jack Reese fing an, uns von der Krebserkrankung seines Vaters zu erzählen. Dann hat Ms Mary über Promis gesprochen, die sich scheiden lassen, und einer aus der Runde, Alex, hat von der Scheidung seiner Eltern erzählt, und dann hat Ms Mary ihren nervigen älteren Bruder erwähnt, und ich bin mit allem herausgeplatzt, was Danny machte, und wie laut und stressig und traurig es deswegen zu Hause war.

Olivia war manchmal auch bei den Mittagsstunden-Runden dabei. Auch ihre Eltern ließen sich scheiden. Ihre Mutter und Alex' Mutter hatten denselben Rechtsanwalt. Olivia hat mich buchstäblich jedes einzige Mal bei Vier gewinnt geschlagen.

Eines Morgens, an einem Freitag, hat Mom mich gefragt, ob ich schon mein Mittagessen eingepackt hätte.

»Brauch ich nicht. Heute ist doch Mittagsstunden-Runde«, habe ich gesagt.

Danny hörte auf, an seinem Bagel rumzukauen, und sagte mit vollem Mund: »Du bist in der Mittagsstunden-Runde? Das ist doch für die Bekloppten.« Er wandte sich an Mom: »Warum geht sie in die Mittagsstunden-Runden?«

Mom griff nach seinem Arm und schüttelte ihn: »Du hörst sofort auf, so zu reden.« Sie war so wütend, dass sie spuckte.

»Wieso denn? Die Mittagsstunden-Runden sind für die Geisteskranken.«

Da kapierte ich es. Die Mittagsstunden-Runden waren nicht für besondere Kinder. Sondern für Kinder mit Problemen.

Für Kinder, deren Väter Krebs hatten. Für Kinder, deren Eltern sich scheiden ließen. Für Kinder, deren Brüder die Familie zerstörten.

Ich bin nie wieder zu den Mittagsstunden-Runden gegangen.

Um neun Uhr am Morgen

Es ist neun Uhr morgens, und der Flurfunk funkt lauter als unsere Blaskapelle bei der Parade am Memorial Day.

Und nun weiß es die gesamte Schule: Olivia musste sich ihr Sweatshirt um die Hüften binden, um den riesigen Blutfleck auf ihrer neuen weißen Jeans zu verdecken. Als Couchman sie erwischt hat, wollte sie gerade ihre Schwester anrufen, damit sie ihr eine frische Hose bringt. Als Couchman ihr gesagt hat, sie soll ihr Sweatshirt anziehen, weil er es nicht verkraften konnte, ihre Schultern zu sehen, hat sie NEIN gesagt.

Alle haben verstanden, warum.

Den ganzen Tag lang wurde Olivia von den Mädchen umarmt, bekam verständnisvolle Blicke, ein mitfühlendes Lächeln. Von den Jungs kam nur Schweigen. Keiner sagte auch nur ein Wort.

Aber wenn man in der Mittelschule ist und es um so etwas Grauenvolles geht wie Menstruationsblut auf der Hose, dann ist das Schweigen der Jungs ein absoluter Traum.

Gespräch mit einer Siebtklässlerin über ein schwieriges Thema

Nach der Schule nehmen wir immer den Bus, den sich Highschool und Mittelschule teilen. Einen der Gründe, warum das keine gute Idee ist, habe ich ja bereits erwähnt (weil Danny Nikotinzeug an Zwölfjährige verkauft).

Am ersten Schultag in diesem Jahr wartete auch meine Nachbarin auf den Bus. Sie sah aus, als würde sie sich gleich übergeben.

»Ist dir schlecht, Mary Kate?«, habe ich sie gefragt.

»Ich glaube schon«, sagte sie.

Mary Kate ist ein Jahr jünger als ich, und wir sind gute Nachbarschafts-Freundinnen, aber sie ist ein bisschen zu behütet. Ihre Eltern erlauben ihr nicht, Fernsehen zu gucken, und ein Handy darf sie schon gar nicht haben. Ich verstehe ja, dass die Welt da draußen sehr gefährlich sein kann, aber ein Kind so sehr zu behüten, kann auf Dauer nur nach hinten losgehen. Zum Beispiel, wenn das Kind dann so unglaubliche Angst davor hat, in einem Bus voller älterer Kinder mitzufahren, dass es fast kotzt.

Seit diesem ersten Schultag sitzt Mary Kate auf der Fahrt nach Hause immer neben mir.

»Kröte, hast du was zu essen?«, fragt Danny Mary Kate. Er nennt sie Kröte und mich Frosch. Wir haben keine Ahnung, warum.

»Nein«, sagt sie. Als er nicht hinguckt, schiebt sie ihre Hand in die Außentasche ihres Rucksacks und gibt mir ein Stück Schokolade, leicht angeschmolzen.

»Stimmt das mit dieser Olivia, dass sie, äh, ihre Dings bekommen hat und also einen Unfall hatte und dann gleich gekleiderordnet wurde?«, fragt mich Mary Kate.

»Ja. Das stimmt alles. Ganz schön schrecklich, oder?«

»Passiert das oft?«

»Dass man gekleiderordnet wird? Bis sie uns mit der Klassenfahrt bestochen haben, täglich, stündlich, minütlich.«

»Nein, ich meine Unfälle.« Mary Kate sieht wieder ganz verschreckt aus. Ich bin mir ziemlich sicher, dass sie lieber langsam in einem Fass Schokolade ersticken würde, als in der Schule einen Blutfleck auf ihrer Hose zu entdecken.

Ich bringe es nicht über mich, ihr zu sagen, dass ich keine Ahnung habe. »Nein. Wirklich nicht. Aber ich würde mir eine extra Jogginghose ins Schließfach legen, nur zur Sicherheit.«

»Das mache ich.«

Danny streckt den Arm über den Gang und wedelt Mary Kate mit einem Zwanzig-Dollar-Schein vor der Nase herum. »Ich kann sehen, dass du isst, Kröte. Ich gebe dir zwanzig Dollar für einen Schokoriegel.«

»Ich habe keine mehr.« Mary Kate hat auch schreckliche Angst vor Leuten, die vapen.

Danny zieht ein Gerät aus seiner Tasche, das aussieht wie ein USB-Stick, und inhaliert den Dampf. Ich finde das total eklig.

Der Siebtklässler neben ihm, er heißt Ted, stößt ihn in die Seite, weil er auch will. Danny hält ihm das Ding vor den Mund, und Ted saugt daran.

Frosch und Kröte sind so angeekelt, dass sie noch nicht einmal ihre Schokolade aufessen können.

Wenn man kein Elefant ist

Meine Mom behandelt Danny wie ein Kleinkind. Deswegen hat sie es auch für nötig befunden, letztes Jahr ihren Job bei der Tafel aufzugeben, um wieder Vollzeitmutter zu werden. Sie hat ihren Job geliebt.

»Hallo, Schatz. Wie war dein Tag?«, sagt sie und versucht, so nah wie möglich an ihn heranzukommen. Sie will wissen, ob er nach Minze oder Mango riecht, die beliebtesten Geschmacksrichtungen beim Vapen.

»Gut«, sagt Danny, weicht ihr aus und reißt die Speisekammertür auf. Danny lernt langsam, dass Mom ihn in Ruhe lässt, wenn er einfach »gut« sagt und nicht pampig wird.

»Und deiner, Molly Mae?« Zum Glück will sie nicht an mir riechen. »Wie war dein Mathetest?«

»Es lief gut.« Ich öffne den Kühlschrank auf der Suche nach Milch, um die Schokolade runterzuspülen. Thibodeaux stürzt sich auf mich und bekommt von mir ein Leckerli aus der Tibby-Dose.

»Haben sich alle von der Nachricht wegen der Klassenfahrt erholt? Daddy war echt enttäuscht, dass sie abgesagt wurde. Er hat dir gerade eine richtig coole LED-Taschenlampe bestellt.« Sie schaut Danny hinterher, der über die Treppe nach oben verschwindet.

»Findest du es nicht ein bisschen übertrieben, dass sie die Fahrt wegen der Kleidersache gestrichen haben?«

»Nun, sie wollten euch anspornen. Ich habe schon verstanden, was sie damit erreichen wollten, und wie der Schulleiter geschrieben hat, so sind die Vorschriften.«

Sie rückt näher an mich ran und stellt sich neben mich. »Hat er auf dem Weg nach Hause geraucht?«, flüstert sie. Ihr heißer Atem kitzelt in meinem Ohr.

»Nicht dass ich wüsste«, lüge ich. Ich wünschte, sie würde sich wenigstens ein Mal für mein Leben interessieren. »Die Klassenfahrt ist mir egal.«

»Wirklich? Aber du hast dich doch schon das ganze Frühjahr darauf gefreut.«

»Ich finde, sie gehen mit der Kleiderordnung echt zu weit. Kannst du nicht mal mit dem Schulleiter reden und ihm sagen, dass es nicht in Ordnung ist, zu überwachen, was Leute anhaben? Besonders das, was Mädchen anhaben?«

Sie sieht mich mit einem So-etwas-sagt-Molly-sonst-nie-Blick an. »Ich glaube, wir sollten aus einer Mücke keinen Elefanten machen, mein Schatz. Und außerdem sind es nur noch ein paar Wochen, und dann bist du auf der Highschool. Da nimmt man es mit der Kleiderordnung nicht so genau. Vielleicht nicht genau genug.«

»Kann ich denn jetzt tragen, was ich will, wenn die Klassenfahrt sowieso gestrichen ist?«

»Warum willst du dir den Ärger einhandeln?«

»Weil ich ein Mal in meinem Leben für etwas kämpfen will.«

Sie legt den Kopf schief und denkt wahrscheinlich: *Wer ist dieses Mädchen, und was hat sie mit meinem Kind gemacht? Die Klassenfahrt ist ihr egal, und sie will für etwas kämpfen?*

»Weißt du was, Molly? Das kannst du gerne machen. Solange wir nicht deinen nackten Hintern zu sehen bekommen, natürlich.«

»Wenn du also einen Anruf bekommen solltest, dass du mir Klamotten zum Wechseln bringen musst, wirst du nicht sauer sein?«

»Nein. Ich werde nicht sauer sein. Ich werde ihnen sagen, dass meine Tochter gut angezogen ist. Okay?«

»Danke, Mom.«

»Ich bin stolz auf dich, mein Schatz.«

Manchmal sind Mücken genauso wichtig wie Elefanten.

Wolfgang Waffel Winzling der Dritte

An einem verregneten Oktobermorgen in der ersten Klasse wurden Bea und ich gezwungen, Freundschaft zu schließen. Alle Schüler, die am Schulausflug teilnahmen, stellten sich in die Schlange für den Bus, und wir hatten das Pech, die einzigen Mädchen in unserer Busgruppe zu sein. Wir gerieten in Panik, starrten einander an und setzten uns nebeneinander, ohne ein Wort zu sagen. Zuerst guckten wir einfach geradeaus, denn ich kannte sie nicht, und sie kannte mich nicht. Aber dann bot sie mir einen Keks aus ihrer Frühstücksdose an, und ich bot ihr Chips aus meiner Frühstücksdose an.

»Bäh?«, fragte ich, als ich den Namen auf ihrer Dose las.

»BE und A«, sagte sie. »Bea.«

Wir kicherten, weil man das in der ersten Klasse so macht.

Wir hielten uns an den Händen und folgten der Lehrerin durch das Dorf, sahen den als Siedlern verkleideten Schaustellern beim Weben und Teigkneten zu und ließen uns die Wirkung der Pflanzen im Kräutergarten erklären.

»Guck mal, eine kleine Maus«, sagte Bea. Sie legte das zitternde Wesen in ihre Handfläche. Es war eindeutig ein Baby, so klein wie der Daumen einer Erstklässlerin. Wir setzten die Maus in meine Frühstücksdose (nachdem ich vorher mein Brot und die Chips rausgenommen hatte) und machten ihr ein Bett aus Gras und Blättern.

»Ich nehme sie eine Woche, du sie in der nächsten

Woche«, hatte Bea gesagt. Obwohl wir große Pläne hatten, uns für den Rest unseres Lebens gemeinsam um die Maus zu kümmern, erlaubte unsere Lehrerin uns nicht, sie zu behalten.

Wir ließen die kleine Maus im Kräutergarten wieder frei, genau unter dem Salbei, wo wir sie gefunden hatten. »Sie hat bestimmt eine Mom, die sie vermisst hätte«, sagte ich. Bea war gerade damit beschäftigt, etwas auf ihre Frühstücksdose zu malen.

»Guck«, sagte sie, als sie fertig war, »jetzt werden wir sie nicht vergessen.«

Das Bild sah genauso aus wie die Maus. Ich war beeindruckt.

Wir nannten sie Wolfgang Waffel Winzling den Dritten. Keine Ahnung, wo wir den Namen herhatten. Aber ich weiß noch, wie ich dachte, dass es gut war, jemanden wie Bea an meiner Seite zu haben.

Ich hatte recht.

Nicht in Ordnung: ein Kleider-Podcast
Episode eins (Take 3)

Ich: Hier ist Molly Frost, und ihr hört gerade *Nicht in Ordnung: ein Kleider-Podcast.* Nachdem meine Freundin vom Schulleiter unserer Mittelschule gedemütigt wurde, weil sie ein Tanktop trug und ihre Schultern zu sehen waren, habe ich mich entschieden, das Thema Kleiderordnung anzusprechen. Ich finde, so sollte man mit einem dreizehnjährigen Mädchen nicht umgehen. Ich habe Gäste eingeladen, mit denen ich über die Kleiderordnung an der Mittelschule sprechen will. Ich begrüße Bea M., willkommen, Bea, eine hier wohlbekannte Künstlerin, die berichten wird, wie es ihr letztes Jahr in der siebten Klasse ergangen ist. Bea, erzähl uns doch erst einmal ein wenig über dich.

Bea: Also, ich liebe Kunst, besonders Malen, obwohl mir die Bildhauerei auch immer mehr gefällt. Diesen Sommer fahre ich mit meinem Dad nach Italien, und ich freue mich jetzt schon total. Ich war noch nie in einem anderen Land. Und, keine Ahnung, das war's auch schon. Oh, ja, und ich bin die Einzige in meinem Freundeskreis, die auf K-Pop steht.

Ich: Ich habe nichts gegen K-Pop.

Bea: Du hast nichts gegen K-Pop, ich bin aber *besessen* von K-Pop.

Ich: Stimmt. Okay, kommen wir zu unserem Thema, die Kleiderordnung in der Mittelschule. Bist du je gekleiderordnet worden, und wenn ja, wie waren deine Erfahrungen?

Bea: Ich habe schon auf dem Weg hierher darüber nachgedacht, und ich bin tatsächlich ziemlich oft auf den Fluren oder im Unterricht schikaniert worden, musste aber nur ein einziges Mal zur Schulleitung.

Ich: Wenn du sagst, du bist schikaniert worden, was meinst du dann genau damit?

Bea: Ach, es nervt einfach. Letztes Jahr, am Anfang der siebten Klasse, war es unmöglich, Shorts zu finden, die länger waren als meine Fingerspitzen. Meine Arme sind außergewöhnlich lang, und in den Läden gibt es nur ganz kurze Shorts. Meine Mom wurde langsam sauer. Sie hatte mir mehrere Shorts für den Schulanfang gekauft, weil das Schulamt zu geizig ist, eine Klimaanlage installieren zu lassen. Und wirklich jeden Morgen, wenn ich zum Unterricht gegangen bin, rief die Fingerspitze: »Hey, zieh diese Shorts runter, oder zieh sie nie wieder an.« Und ich habe an meinen Shorts rumgezerrt, während ich meinen ganzen Kram in den Händen hielt und den Weg zum nächsten Kursraum suchte, weil alles noch so verwirrend war. Und manchmal hat Couchman mich angehalten und mit der Kleiderordnung vor meiner Nase rumgewedelt und mich verwarnt, sodass ich zu spät zum Unterricht gekommen bin. Das ist so oft passiert, dass ich schon gar nicht mehr sagen kann, wie oft genau.

Ich: Was hattest du denn an, als du zur Schulleitung musstest?

Bea: Die gleichen Shorts wie alle anderen auch. Der einzige Unterschied war, dass meine vorne zerrissen waren. Ich saß in Computer- und Medientraining, und Mr Schwab hat mich angeguckt, als wäre ich ein toter Käfer, der an seinem

Schuh klebt. Dann hat er mich nach vorn gerufen, vor die ganze Klasse, und gefragt, ob ich mir etwa keine Shorts leisten könnte, die keine Löcher haben. Dann hat er bei der Schulleitung angerufen und gesagt, dass er mich zu ihnen schickt, weil ich gegen die Kleiderordnung verstoßen würde. Sie haben meine Mutter informiert, und sie war so wütend, weil sie es satthatte, nach Shorts zu suchen, die lang genug sind. Also hat sie mir eine von ihren Shorts mitgebracht, und ich musste den ganzen Tag lang in beigen Mom-Shorts rumlaufen. Danach habe ich mich einfach in langen Hosen zu Tode geschwitzt, bis es endlich kühler wurde.

Ich: Bea, es tut mir wirklich leid, dass ich mich über dich lustig gemacht habe, als du die Shorts deiner Mom getragen hast.

Bea: Molly, du bist auch nur ein Mensch.

Die Baumhaus-Schleim-Fabrik

Wenn mich jemand fragen würde, wie es in der fünften Klasse war, dann würde mir wohl nicht besonders viel einfallen. Denn das ganze Jahr ging es nur um Schleim. Mein Freund Will wurde von der Begeisterung seines Cousins in Baltimore angesteckt und hat seine Mom beauftragt, alle Zutaten zu kaufen: Borax, Leim, Rasiercreme, Kontaktlinsenflüssigkeit und Behälter, und hat dann alles in unserem Baumhaus abgeladen.

Ich war skeptisch.

»Du wirst nur eine Riesensauerei machen, und ich darf dann alles aufräumen«, habe ich zu Will gesagt. Aber der saß schon im Baumhaus auf dem Boden, guckte ein YouTube-Video über Schleim, vor sich eine große Plastikschüssel und eine seltsame Kombination von Zutaten.

Die erste Mischung stimmte noch nicht so richtig. Die zweite war schon besser. Und die dritte machte uns süchtig. Innerhalb von einer Woche war die halbe Nachbarschaft in unserem kleinen Baumhaus und mischte, was das Zeug hielt. Mit viel Glitzer und bunten Lebensmittelfarben machten wir das Ganze noch kunstvoller. Nachdem wir unsere Eltern angebettelt hatten, eine Instagram-Seite zu erstellen (sie haben schließlich nachgegeben, denn »wenigstens macht ihr was Kreatives mit euren Händen«), wurde @BaumhausSchleim-Fabrik geboren.

So habe ich Ashley kennengelernt. Sie war gerade von Dallas nach Connecticut gezogen. Wir trafen sie, als sie mit ihren Corgis Valerie und Allen durch die Nachbarschaft streunte, und haben alle drei in unsere Fabrik eingeladen. Zwei Corgis in ein Baumhaus zu bugsieren, ist ganz schön schwer. Ashley hat die Kamera gehalten und für Instagram gefilmt, wie Will, Mary Kate und ich den Schleim hergestellt haben. Einmal hatte Ashley den lustigen Vorschlag, dass wir uns alle lange Fingernägel ankleben, um unsere Hände auf dem Video schöner in Szene zu setzen. Die Nägel sind dann abgefallen und im Schleim kleben geblieben.

Meine Oma hat mir einen richtig coolen Plastikkasten mit einem Geheimfach geschenkt. Darin konnte ich meine Knetdosen mit den besten Schleimkreationen aufbewahren. Ich habe ständig damit gespielt.

Und dann, eines Tages, haben wir aufgehört. Ich weiß nicht mehr, wann oder wieso. Ich hatte Schleim einfach satt. Will hat den Schleim als Letzter aufgegeben. Den Kasten habe ich in meinen Schrank getan, falls mir mal langweilig sein sollte und ich rummatschen wollte.

Letztes Jahr kam Danny in mein Zimmer, nachdem er zum dritten oder vierten Mal suspendiert wurde. Sein Lehrer hatte ihn beim Vapen erwischt, als sie im Geschichtskurs gerade das Bürgerkriegsdrama »Glory« anschauten.

»Willst du wirklich den ganzen Schleim weiter in deinen Knetdosen aufbewahren?«

Zu dem Zeitpunkt war ich mir nicht sicher, ob ich das wollte oder nicht. »Weiß ich nicht. Was geht dich das an?«

Danny hat sich immer nur über mich lustig gemacht, mich angeschrien, nach Essen gefragt oder mir gesagt, ich soll abhauen. Mit mir geredet hat er nie.

»Ich möchte den Kasten für mein Zeug benutzen.«

»Was für ein Zeug?«

»Mein Vaping-Zeug. Mom und Dad machen so ein Drama daraus. Ich weiß echt nicht, was die haben. Es ist so viel gesünder als Zigaretten.«

Ich wusste, dass es nicht gesünder war, weil ich die ganzen Artikel gelesen habe, die Mom ständig überall rumliegen ließ. Danny wohl nicht.

»Was bekomme ich dafür?«

»Sagen wir mal so: Ich hau dir nicht in die Fresse.«

»Sagen wir mal so: Du machst, was ich dir sage, und hörst auf, gemein zu mir zu sein, dann kannst du den Kasten haben.«

»Okay.«

Danny kommt jetzt dauernd in mein Zimmer, um sich Zeug aus dem Kasten zu holen. Manchmal spricht er mit mir über irgendwas, über Konzerte, auf die er gehen will, und darüber, ob ich bereit wäre, mit ihm nach Kanada zu ziehen, falls Mom und Dad sterben würden und er dann mein Vormund wäre.

Seit ich ihm den Kasten mit den Knetdosen vermiete, ist es jedenfalls besser als vorher.

Der Wunschbrunnen-Bruder

Mein Wunschbrunnen-Bruder ist der Bruder, den ich mir jedes Mal wünsche, wenn ich mir am Brunnen vor der Cheesecake Factory etwas wünsche.

»Warum stehst du da so, mit geschlossenen Augen?«, fragt Danny mich immer. »Du siehst bescheuert aus.« Aber mir ist es egal, wie ich aussehe, denn mit geschlossenen Augen kann ich mir den Bruder vorstellen, den ich gerne hätte.

Mein Wunschbrunnen-Bruder redet mit mir, wenn wir zusammen die Straße entlanggehen, und fragt mich, ob ich auch ein Eis haben will, wenn er sich selbst eins holt. Er erzählt mir so lange Witze, bis uns vor Lachen die Bäuche wehtun. Ein Frühstücktablett in den Händen, das wir gemeinsam vorbereitet haben, schleicht er mit mir in das Schlafzimmer unserer Eltern (so wie in der Werbung). Mein Wunschbrunnen-Bruder beschützt mich, wenn die Jungs aus seiner Klasse mich hinter der Bücherei mit Schneebällen bewerfen. Geduldig hilft er mir mit den Hausaufgaben, anstatt zu sagen: »Wie kann man das nicht kapieren!« Er liest mit mir Bücher in Höhlen, die wir aus Decken und Kissen gebaut haben. Und er schlägt mich nie oder tritt mich oder spuckt in mein Ohr, wenn ich schlafe, oder bespritzt mich mit dem Gartenschlauch, wenn ich mich gerade für den Vater-Tochter-Tanz bei den Pfadfinderinnen fein gemacht habe.

Einmal, als ich etwa neun oder zehn war, habe ich ein

Einmachglas voller Geld in den Brunnen gekippt, Scheine und alles.

»Warum hast du das gemacht?«, hat Oma gefragt und das durchweichte Geld rausgefischt. Oma geht mit mir immer in die Cheesecake Factory, wenn sie zu Besuch ist.

»Bitte lass das Geld da drin«, habe ich gesagt. »Mein Wunsch ist noch nicht in Erfüllung gegangen.«

Ein Gruppenchat mit 217 Personen

Im größten Gruppenchat, an dem ich bisher teilgenommen habe, waren sechzig Leute. Das war Scott Kleinmans Bar-Mizwa-Gruppenchat, und der war nicht besonders aufregend. Seine Mutter hatte die Gruppe erstellt, um uns darüber zu informieren, wann wir in der Synagoge zu sein hatten, dass wir während des Gottesdienstes unsere Schultern bedecken sollten, dass der Bus nach Hause von der Basketball Hall of Fame zum Supermarkt fahren und uns dort zwischen elf und elf Uhr dreißig absetzen würde.

Ansonsten bestand der Chat zu neunzig Prozent aus Fragen von Mädchen, die wissen wollten, was man anziehen soll. Bis zum Tag vor der Bar Mizwa. Dann waren es zu neunzig Prozent Jungs, die wissen wollten, was man anziehen soll. Ein Junge hat ständig alle gefragt, wie viel Geld sie Scott schenken, weil er gehört hatte, es müsse ein Vielfaches von dreizehn sein. Alle antworteten ihm ständig: achtzehn, also ein Vielfaches von achtzehn. Ich glaube, der Junge hat nie kapiert, dass sowohl Scott als auch seine Mutter mit zur Gruppe gehörten.

Ich wusste gar nicht, dass ein Gruppenchat mit 217 Personen überhaupt möglich ist. Bis gestern, als (ausgerechnet) Scott Kleinman einen Gruppenchat mit dem Titel Klassenfahrt, ja klar! startete:

Meine Eltern und Jessie Laheys Eltern sagen, sie werden uns

beaufsichtigen, wenn wir unseren eigenen Campingausflug zum Strawberry Hill State Park organisieren wollen. Selber Tag. Antworte, wenn du mitmachst.

Zweihundertsiebzehn von 220 machen mit. Ich weiß, dass zwei Schüler vor Ende des Schuljahres nach Indien fahren, die sind also nicht dabei. Jemand anders aus der achten Klasse fehlt also noch.

Die Eltern treffen sich gerade in der Bücherei, um den Campingausflug zu besprechen, denn vier Eltern können natürlich nicht 217 Mittelschüler bändigen. Ich hoffe, meine Eltern werden nicht mit reingezogen. Meine Mom war schon fünf Mal Elternvertreterin, und mein Dad war der DJ beim Tanz der Pfadfinderinnen. Ich werde sie daran erinnern, dass sie ihre Pflicht getan haben und jetzt mal andere dran sind.

In der *Klassenfahrt, ja klar!*-Gruppe wird viel geflucht.

Nick und seine Freunde schmieden schon Pläne, wie sie ihre Vape-Pods mitschmuggeln wollen. Sie fragen, ob eines der Mädchen Lust hätte, die Pods in ihrem BH zu verstecken. Keine antwortet.

Irgendwie hoffe ich, dass Scotts Mom diesmal auch mitliest.

Ein Brief an Scott Kleinman

Wenn es nicht total seltsam wäre, Scott Kleinman einen Brief über seine Bar Mizwa zu schreiben, würde ich ihm Folgendes sagen:

Lieber Scott,
du hast dir ganz schön viel Mühe mit deiner Bar Mizwa gegeben. Es war sehr mutig, wie du vor deiner Familie, deinen Freunden und Leuten von auswärts aufgetreten bist (ich glaube, dein Dad hat gesagt, dass sogar Gäste aus Kalifornien und Miami da waren). Du hast nicht einmal das Gesicht verzogen, als die Kinder aus unserer Klasse einfach nicht still sein wollten. Ich war echt beeindruckt von deinen Hebräisch-Kenntnissen und deinem Projekt, Menschen über Assistenzhunde auf-
zuklären.
Ich erinnere mich aber vor allem an die Rede deiner Eltern, in der sie erzählten, dass du dein ganzes Leben lang freundlich und großzügig warst, dass du einem Mädchen, das ihre Brezel hat fallen lassen, deine Brezel angeboten hast (als du gerade mal drei Jahre alt warst!). Deine Eltern waren so gefühlvoll, so liebe-
voll, und es war dir noch nicht einmal peinlich, dass sie dich umarmt haben.
Als ich deine Bar Mizwa verlassen habe, habe ich mich

ganz leer gefühlt. So eine wunderschöne Rede könnten meine Eltern über Danny nicht halten. Und über mich könnten sie wohl auch nichts Besonderes sagen.

Jedenfalls, gut gemacht.

Deine Klassenkameradin Molly

Manchmal sind Äpfel einfach böse

Wenn ich früher von der Schule nach Hause gekommen bin, habe ich meinen Eltern immer sofort erzählt, was Nick und seine Freunde an dem Tag gesagt haben:

»Nick hat Bea ›Bohnenstange‹ genannt.«

»Nick hat Amar ›Isis‹ genannt.«

»Nick hat Liza ›Bohnenfresserin‹ genannt.«

»Nick hat Scott ›Jewfro‹ genannt.«

»Nick hat Julissa angespuckt und zu ihr das N-Wort gesagt.«

»Nick hat Sarah Simms ›haarige Bestie‹ genannt.«

»Nick hat Ashley ›Fischstäbchen-Atem‹ genannt.«

»Nick hat Jacob und ein anderes Kind, das autistisch ist, ›geistige Zwerge‹ genannt.«

Auch wenn er die schrecklichsten Dinge von sich gab – für die Danny und ich lebenslang bestraft worden wären –, haben meine Eltern jedes Mal gesagt: »Beachte ihn einfach nicht, Molly. Irgendwo hat er das ja her. Meistens fällt der Apfel nicht weit vom Stamm.«

Aber ich kenne Nicks Eltern. Sie sind wirklich nett. Vielleicht sind sie zu Hause grausam und gemein, aber sie waren zu allen hilfsbereit und freundlich, als sie unsere Klasse bei den Morgenwanderungen begleitet haben.

Vielleicht, nur vielleicht, werden Äpfel ja böse geboren.

Vielleicht hat der Baum gar nichts damit zu tun.

Jetzt hat Nick dafür gesorgt, dass all seine Gefolgsleute »Tampon-Versagerin« zu Olivia sagen. Es hat nie jemand behauptet, dass Nicks Spitznamen besonders schlau wären. Ich wette, meine Eltern würden Olivia sagen, dass sie ihn einfach nicht beachten soll. Er ist nichts weiter als ein fauler Apfel.

Ich werde Olivia sagen, dass sie sich wehren soll. So bin ich nämlich gerade drauf.

Nicht in Ordnung: ein Kleider-Podcast
Episode zwei

Ich: Hier ist Molly Frost, und ihr hört gerade *Nicht in Ordnung –
ein Kleider-Podcast.* Ich habe mich entschieden, das Thema
Kleiderordnung anzusprechen, nachdem meine Freundin
vom Schulleiter unserer Mittelschule gedemütigt wurde,
weil sie ein Tanktop trug und ihre Schultern zu sehen waren.
Ich finde, so sollte man mit einem dreizehnjährigen Mädchen nicht umgehen. Ich habe Gäste eingeladen, mit denen
ich über die Kleiderordnung an der Mittelschule sprechen
will. Heute heiße ich Liza R. willkommen, bekannt für ihre
Talente beim Volleyball und beim Schreiben. Sie hat einmal
ein zehnseitiges Gedicht über Puerto Rico geschrieben. Das
war in jeder Hinsicht ein Heldinnengedicht. Wie war noch
mal der Titel, Liza?

Liza: Eine Insel, grün und blau.

Ich: Stimmt. Es war so toll. Okay, lass uns über die Kleiderordnung sprechen. Wie waren deine Erfahrungen?

Liza: Ich habe dafür extra mein Tagebuch mitgebracht.

Ich: Liebe Zuhörerinnen und Zuhörer, Liza hat ihr Tagebuch
hinten aufgeschlagen, und sie hat, lasst mich zählen, fünf,
sechs … siebenunddreißig Stellen markiert.

Liza: Nachdem ich gleich am ersten Schultag gekleiderordnet
wurde, habe ich angefangen, alles aufzuschreiben. Ich habe
die Shorts, die wir zusammen gekauft haben, nicht mehr

67

getragen, aber egal, was ich anhatte, die Fingerspitze fand immer etwas an mir auszusetzen. Mein BH-Träger guckte hervor, mein Shirt war nicht lang genug, meine Hose zu eng, mein Ausschnitt zu groß. Ihre Lieblingsbeschäftigung ist, mich von Kopf bis Fuß zu mustern und mich dann zu kritisieren. Kein Witz.

Ich: Wie hast du dich dabei gefühlt?

Liza: Im Badezimmer war mal eine Spinne im Waschbecken. Ich habe die Lupe von meinem Bruder geholt und habe die Spinne beobachtet. Es war faszinierend. Schließlich kam meine Mutter dazu und hat die Spinne mit der Lupe zerquetscht. Wie ich mich jedes Mal fühle? Wie die Spinne.

Ich: Mensch, Liza.

Liza: Jup.

Ich: Was hat sich verändert, als sie beschlossen haben, uns mit der Klassenfahrt zu bestechen?

Liza: Meine Mom musste ihren gesamten Monatslohn für hässliche Klamotten ausgeben, die mir zwei Nummern zu groß sind, so wie das, was ich gerade anhabe.

Ich: Nicht so wirklich dein Stil.

Liza: Nein, gar nicht, oder?

Ich: Liza, hast du Lust, mit mir gegen die Kleiderordnung zu verstoßen, jetzt, wo wir nichts mehr zu verlieren haben?

Liza: Ja. Das wäre wunderbar.

Wie hast du dich dabei gefühlt?

Durch die Therapie habe ich gelernt, wie ich Leute für meinen Podcast befragen kann. In dem Sommer, nachdem ich die Mittagsstunden-Runden aufgegeben hatte, bin ich vier- oder fünfmal hingegangen. Meine Mom hielt das für eine gute Idee, als sie merkte, dass Danny immer gemeiner und ich immer stiller wurde. Die Frau (ich weiß ihren Namen nicht mehr) hat mich immer gefragt: »Und wie hast du dich dabei gefühlt?« Und ich habe immer mit dem Lieblingswort meines Vaters geantwortet: »Grottenschlecht.«

Mom hat allen erzählt, dass die Therapie Wunder bewirkt hätte und ich nach ein paar Stunden wieder ganz die Alte gewesen sei, obwohl Danny noch immer schrecklich war.

Ich war wieder ganz die Alte wegen der Baumhaus-Schleim-Fabrik, aber die Therapie-Tante hat auch ein bisschen dazu beigetragen.

Jedem Anfang wohnt kein Zauber inne

Wenn ich auf dem kleinen Klo neben der Garage sitze, kann ich alles verstehen, was Mom und Dad im Arbeitszimmer hinter verschlossener Tür sagen. Zuerst wollte ich gar nicht lauschen: Ich saß einfach nur auf dem Klo. Aber dann hörte ich das Wort *Pass* und wurde neugierig. Mom zählt Dad lauter Orte auf, an die sie hinziehen will, damit Danny neu anfangen kann. Jedes Mal, wenn Mom einen Ort nennt, sagt Dad:»Na, dann erkundige dich mal. Dann bin ich bereit, darüber nachzudenken.« Und Mom sagt:»Das müssen wir zusammen machen. Es ist eine weitreichende Entscheidung.« Dann fangen sie an zu streiten, und ich spüle und verschwinde so schnell wie möglich.

Hier ist die Liste (in keiner bestimmten Reihenfolge):

Thailand
Schottland
Oregon
Toronto
Florida
Seattle
Portugal
Neuseeland

Ich werde nicht neu anfangen. Werde. Ich. Nicht.

Rasurbrand

Liza und ich werden beide ganz normal lange Shorts tragen. Wir planen das Ganze, während unsere Mütter sich in der Auffahrt unterhalten. Liza sagt:»Ich werde das Outfit tragen, aber ich finde, wir sollten noch mehr tun, als gekleiderordnet zu werden und uns dann zu weigern, etwas anderes anzuziehen.«

»Okay, aber was?«

»Ich lass mir was einfallen.«

»Wir ziehen uns morgen so an, und dann werden wir ja sehen, was passiert«, sage ich.

Am nächsten Morgen will ich eigentlich meine Mom daran erinnern, dass sie versprochen hat, nicht sauer zu sein, wenn ich gekleiderordnet werde. Aber dann mache ich es doch nicht. Sonst überlegt sie es sich vielleicht anders. Ihr fällt noch nicht einmal auf, dass ich die Shorts trage, über mein Tanktop ziehe ich einen Hoodie. Als ich in der Schule bin, verschwindet der Hoodie in meinem Schließfach.

Es fühlt sich an wie am ersten Schultag in der siebten Klasse, als ich allein und verloren durch die Gegend gerannt bin, voller Angst, dass die Fingerspitze mich zur Schulleitung schickt. Liza fühlt sich bestimmt genauso. Ohne Probleme nehme ich meinen Platz im Klassenzimmer ein, wahrscheinlich, weil Ms Lane eine der nettesten Lehrerinnen überhaupt ist. Sie würde nie eine Schülerin beschämen, weil sie Shorts und ein Tanktop trägt.

Meine Beine kleben an dem kalten Sitz fest. Ich schaue nach unten und merke, dass ich einen ziemlich auffälligen Rasurbrand auf meinem Schienbein habe. Diese Hautausschläge werden langsam echt zum Problem. Ich muss unbedingt zum Hautarzt. Erst Pickel und jetzt Rasurbrand. Was kommt als Nächstes?

In der Mittagspause kommt Liza zu mir gelaufen. Ich sitze wie üblich zusammen mit Bea, Ashley, Navya und einem Schüler namens Tom am Tisch. Tom hat seit einem Skiunfall ein Schädel-Hirn-Trauma und ist meistens ziemlich verwirrt. Wir sind die Einzigen, die ihn beachten.

»Vielleicht solltest du Tom fragen, ob er mit dir zum Abschlussball geht«, hat meine Mom bestimmt schon zwei Mal gesagt, weil sie eine ABZ-Neurose hat – eine Abschlussball-Zwangsneurose. Und es kann ab jetzt und in den nächsten drei Jahren nur noch schlimmer werden, wenn der Abschlussball dann tatsächlich ansteht.

»Wurdest du gekleiderordnet?«, fragt Liza mich und setzt sich Tom gegenüber.

»Noch nicht«, sage ich. »Du?«

»Oh ja. Als ich in der Bücherei anstand, hat die Fingerspitze mich aus der Warteschlange gezogen und mir gesagt, dass meine Shorts zu kurz sind. Ich habe ihr gesagt, dass meine Mom sie wegen Belästigung verklagen wird, wenn sie mich noch mal damit nervt.«

»Hast du nicht«, sagt Ashley.

»Okay, habe ich nicht. Wollte ich aber. Ich habe einfach gesagt, dass meine Mutter Krankenschwester ist und das

Krankenhaus nicht verlassen kann, um mir etwas anderes zum Anziehen zu bringen. Sie hat mich gefragt, wo mein Dad ist, und ich habe gesagt, er kümmert sich um meine kranke Tante in Puerto Rico. Dann meinte sie, dass ich jetzt verwarnt bin, und wenn ich noch mal gegen die Regeln verstoßen würde, müssten meine Eltern zu einer Besprechung in die Schule kommen, und ihr ist egal, wie weit weg sie sind.«

»Das ist so unverschämt«, findet Navya.

»Hey, Tom«, sagt Bea. »Lenken dich Lizas Shorts von deinen Aufgaben ab?«

Tom guckt auf Lizas Shorts. »Wie jetzt?«, fragt er.

»Ach, egal. Doofe Frage.«

Ich verbringe den Rest des Tages damit, genau das zu tun, was ich am ersten Tag der siebten Klasse nicht gemacht habe. Ich versuche, so oft wie möglich Lehrern über den Weg zu laufen, damit sie mich verwarnen. Aber keiner tut es.

Dern sieht mich und wendet sich ab, um mit einem Baseballspieler zu reden.

Ist es, weil Liza einen Busen und einen Hintern und lange Beine hat? Sieht er sie deswegen und mich nicht?

Bin ich deswegen unsichtbar?

Die Elternversammlung in der Bücherei nimmt eine überraschende Wendung

Meine Mom kommt von der Elternversammlung wegen unseres Campingausflugs aus der Bücherei zurück, wirft ihre Schlüssel auf den Küchentisch und rennt zu mir nach oben. Bestimmt will sie mir unbedingt erzählen, dass sie angeboten hat, mitzukommen.

»Hi, Molly«, sagt sie und setzt sich auf mein Bett, wo meine ganzen Zettel für Naturwissenschaft über die buttergelbe Steppdecke verteilt liegen. »Das war ein interessantes Treffen.«

»Bestimmt. Haben sich die Eltern wieder darüber gestritten, ob der Teig fürs Stockbrot mit oder ohne Gluten sein soll, wie letztes Jahr beim Pfadfindertreffen?«

Sie lacht. Es ist ein angestrengtes Lachen. »Nein. Und ich muss dir sagen, dass ich nicht angeboten habe, zu helfen. Wenn sie nicht genug Leute gehabt hätten, dann bestimmt, aber weißt du, ich will hier bei Danny bleiben.«

»Das verstehe ich.«

»Schätzchen, alle haben sich sehr darüber aufgeregt, wie mit Olivia umgegangen wurde. Warum hast du mir denn nichts davon erzählt? Das ist ja schrecklich.«

»Das ist eigentlich ganz normal bei uns an der Schule.«

»Molly, ich hatte ja keine Ahnung.«

»Mom, du wusstest doch, dass wir eine Kleiderordnung

haben, und auch, dass sie uns mit der Klassenfahrt bestechen wollten.«

»Dr. Couchman hält ja viel von Vorschriften, aber das hier geht entschieden zu weit.«

»Ich arbeite gerade an einem Podcast. Ich interviewe die Schülerinnen, die wegen der Kleiderordnung gedemütigt wurden.«

»Wirklich?«

»Ja. Ich finde das einfach schlimm.«

»Molly, du ziehst zur Schule an, was immer du willst, ja? Und falls jemand dich belästigt, sagst du mir Bescheid.«

»Danke, Mom.«

»Vielleicht könnten du und deine Mitschüler eine Petition einreichen und darum bitten, die Kleiderordnung abzuschaffen?«

»Wo sollen wir die denn hinschicken? Dr. Couchman würde lachen und sie in den Papierkorb werfen. Nie im Leben lässt er die Seite aus der Schulordnung entfernen. Die ist für ihn wie eine Designer-Handtasche. Er hat sie laminieren lassen und trägt sie immer mit sich rum.«

»Ihr könnt sie an den Schulinspektor schicken. Oder nein, im Moment ist es der vorläufige Schulinspektor. Es ist einen Versuch wert.«

»Okay, ja. Es ist einen Versuch wert.«

Sie schenkt mir einen Blick, der sagt: Ich bin stolz auf dich. Ich bekomme sofort Schuldgefühle, weil ich Dannys Zeug verstecke. Die habe ich etwa fünfmal am Tag. Ich frag mich, ob Danny das wert ist.

Muttertag

Ich schenke meiner Mom einen Anhänger mit einem Marienkäfer, denn sie liebt Marienkäfer. Wie jedes Jahr bastele ich ihr eine Marienkäfer-Karte und sage ihr, dass sie die beste Mutter auf der ganzen Welt ist. Dad und ich machen Blaubeerpfannkuchen mit Schlagsahne, die wir ihr auf einem Tablett, zusammen mit einer Tasse Pfefferminztee und einer Vase voller frisch geschnittener Fliederzweige, auf die hintere Veranda bringen. Als sie meine Karte liest, weint sie, und zwar richtige Tränen, nicht nur die üblichen Ich-bin-so-gerührt-Tränen. Sie sagt, dass sie den ganzen Tag auf der Veranda verbringen, die Sonne genießen und ihr Buch lesen wird.

Während ich das Haus putze und die Wäsche zusammenlege, gucke ich zwischendurch immer wieder nach ihr.

Danny hat gar nicht daran gedacht, dass Muttertag ist, und wenn doch, merkt man es ihm nicht an.

Am letzten Muttertag hat Danny die Ersatzautoschlüssel aus dem Küchenschrank neben der Schublade mit den Ausstechformen geklaut und hat versucht, mit Moms Auto wegzufahren, obwohl er gar keinen Führerschein hat. Mom ist schreiend die Straße hinuntergelaufen, und Wills Dad ist ihm in seinem Truck gefolgt, hat ihm den Weg abgeschnitten, und dann ist Danny in ihn reingefahren. Niemandem ist was passiert, aber Mom stand vor Mary Kates Haus und hat hyperventiliert.

An dem Abend hat sie Dad gesagt, dass er aufhören muss, an den Wochenenden als DJ aufzulegen, obwohl er das immer so gerne gemacht hat. Weil sie es nicht mehr allein schafft. Weil sie es mit Danny nicht mehr schafft. Dads letzter Auftritt war eine Gartenparty zu Muttertag. Sein letztes Lied war »Tiny Dancer« von Elton John, das Lied, das er mir immer vorgespielt hat, als ich klein war.

Deswegen haben sie immer Geldsorgen.

Deswegen hat Mom geweint, als sie meine Karte gelesen hat.

Deswegen überlegen sie, mit der ganzen Familie in ein anderes Land zu ziehen.

Deswegen habe ich mich heute so bemüht, Mom glücklich zu machen.

Die Petition verbreitet sich wie Hautausschlag

Außer Nick, der sie immer noch eine Tampon-Versagerin nennt, haben eigentlich alle Olivia verziehen, dass die Klassenfahrt ausgefallen ist. Vor allem, da sie ja jetzt doch irgendwie stattfindet.

Ashley ist stinkwütend darüber, dass ihr Vater als Aufsichtsperson mitkommt und sein Angelzeug mitnehmen will. »Wie sollen wir uns jetzt rausschleichen?«, sagt sie. »Mein Dad wird die ganze Zeit mit seiner Angel und seinen ekligen Ködern vor unserem Zelt sitzen.« Wir essen gerade zu Mittag, Eisriegel und Chips wie üblich.

»Du könntest ihn mit Giftefeu einreiben«, sagt Tom.

Ashley sieht Tom an. »Eigentlich keine schlechte Idee.«

Navya kommt mit der Petition an, die wir in der Freistunde geschrieben haben. Sie hat in Ms Lanes Kursraum Kopien gemacht.

Petition für die Abschaffung der Kleiderordnung und für freie Kleiderwahl

»Wer unterschreibt als Erstes?«, fragt Navya.

»Das mach ich«, sage ich.

Wir reichen die Petition in den Fluren herum, in der Umkleide, den Toiletten und den Schulbussen. Um vier Uhr haben wir einhundert Unterschriften und brauchen zusätzliche Seiten.

Fast jedes Mädchen aus der siebten und achten Klasse hat unterschrieben und auch die meisten Jungs. Mom fährt mich zum Büro des stellvertretenden vorläufigen Schulinspektors, und ich gebe die 312 Unterschriften persönlich bei seiner Sekretärin ab.

Jetzt heißt es warten.

Das Schwarze Brett

- Denkt daran, einen Blick auf die Fundsachen zu werfen. Der Tisch quillt schon über!
- Vorsicht, Bär! Wir hatten diesen Monat schon zweimal Bären-Alarm.
- Zur Erinnerung: Bei der Abschlussfeier haben die Mädchen weiße Kleider und die Jungen Hemd, Krawatte und Anzughose zu tragen.

Euch allen eine gute Woche und genießt die Sonne!
Mrs Peabody

Wenn man ins Einkaufszentrum geht, gehören Pommes meistens dazu

Es dauert zwar noch Wochen bis zur Abschlussfeier der achten Klasse, aber Ashley will heute nach der Schule schon shoppen gehen, damit sie das beste Kleid ergattern, es auf Instagram posten und somit sichergehen kann, dass niemand anders es ihr nachkauft. Mom hat gesagt, ich dürfte mich schon mal umschauen, und hat mir fünfundsiebzig Dollar mitgegeben, falls ich ein Kleid finde.

Wir waren noch nie reich, aber seit Mom nicht mehr arbeitet und Dad aufgehört hat, als DJ Geld zu verdienen, gehen wir nicht mehr essen, planen keine Urlaube und kaufen keine teuren Kleider, die wir nur ein Mal tragen werden.

Jetzt verstehe ich, was *knapp bei Kasse* bedeutet.

Ashleys Mutter will ein paar Sachen bei Lord & Taylor umtauschen, deswegen gehen Ashley und ich erst mal allein zu Nordstrom. Irgendjemand hat gesagt, dass es da ganz viele weiße Kleider gibt.

Weiße Kleider. Warum eigentlich? Es ist ja nicht die Erstkommunion. Wir werden nicht getauft. Es ist keine *Hochzeit*.

Wir werfen einen Blick auf die Snap Map. Na toll. Nick und seine Kumpane sind hier. Ich habe keine Lust, ihnen zu begegnen, nicht nur, weil sie sich über meine fettigen Haare lustig machen werden, sondern auch, weil Ashley mit der ganzen Truppe immer irgendwie flirtet und das total widerlich ist. Sie verwandelt sich von einem sorglosen Mädchen, das ein Kleid kaufen will, in ein hibbeliges Eichhörnchen.

Wir schaffen es in die Kleiderabteilung, und Ashley steuert sofort auf ein Kleid zu. Es ist cremefarben, aber wirklich hübsch, mit gekreuzten Trägern und Perlenstickerei am Ausschnitt. Ich sehe mich um, und mir wird klar, dass ich wohl in die Kinderabteilung muss, weil hier alles zu groß für mich sein wird. Ashley kommt aus der Umkleidekabine und sieht umwerfend aus, sie könnte echt in dem Kleid heiraten, wenn es nicht kurz wäre und sie erst dreizehn. Sie stellt sich für zwanzig Spiegelselfies in Pose, während sie auf ihre Mutter wartet.

Bald gibt es online die ersten Kommentare: *Heiß. Geil. Supersüß.*

»Oh, Ash. Das ist ja perfekt. Wow«, sagt ihre Mutter. »Dann brauchen wir noch Schuhe und können das abhaken. Treffer und erledigt!«

»Treffer? Echt jetzt, Mom«, sagt Ashley und geht zurück in die Umkleidekabine.

»Nichts gefunden, Molly?«, fragt ihre Mutter mich.

»Ich bin irgendwie nicht in der richtigen Stimmung. Ich bin total verschwitzt.«

»Oh, das kenne ich. Verschwitzt und aufgeschwemmt – da geht bei mir gar nichts mehr.«

Wir gehen nach unten in die Schuhabteilung, und Ashleys Mom greift sich fünf Paar hochhackige Schuhe. Der Schuhtyp kommt mit einem Stapel Kartons, und Ashley probiert ein Paar nach dem anderen an.

Natürlich gefallen ihr die höchsten am besten. Und ihre Mom sagt: »Deine Füße werden sich am Ende des Tages vor Schmerzen krümmen.«

»Na toll, vielen Dank auch, Mom.«

Ich stehe daneben, als Ashleys Mutter 372 Dollar bezahlt. Das ist die Gesamtsumme.

Ashley lebt in einem riesigen Haus, und ihr Vater fährt einen Lexus, und ihre Mutter trägt einen fetten Diamantring. Das weiß ich. Aber wenn ich sehe, wie ihre Mutter noch nicht einmal einen Blick auf die Summe wirft, als sie ihre Platin-Kreditkarte reinsteckt, dann wird mir doch sehr klar, dass Ashley reich ist und ich nicht. Denn ich muss ein Kleid für fünfundsiebzig Dollar finden, das zu den Schuhen passt, die ich in den letzten zwei Jahren zu jeder Bar und Bat Mizwa getragen habe.

Wir gehen zum Ausgang, und etwas streift meinen Kopf und landet vor mir auf dem Boden. Ich bedecke mein Gesicht, und in dem Moment trifft mich etwas an der Schulter.

Ashley rennt voraus und schreit nach oben in Richtung Balkon: »Hör auf damit, Nick.« Dabei lacht sie ganz komisch. Nick bewirft mich mit Pommes, und Ashley findet das lustig.

Ich werde innendrin ganz rot.

Ich husche in den nächsten Laden und warte darauf, dass Ashley mich entdeckt. Ich habe überhaupt keine Lust auf Nick und seine Freunde. Wahrscheinlich ziehen sie jeden Tag durch das Einkaufszentrum, ein Auge auf Snap Map, bis sie jemanden entdecken, den sie mit Pommes bewerfen können.

Ich gucke in beide Richtungen und ziehe Ashley mit zu McDonald's. Jetzt will ich auch Pommes. Ich gebe für Pommes mit Ketchup und eine Limonade sieben Dollar aus. Dann habe ich noch achtundsechzig Dollar für mein weißes Kleid. Wir setzen uns an den Rand des Brunnens und essen, während Ashley Fotos von sich postet.

Es stimmt zwar, dass ich ziemlich verschwitzt bin. Aber ich habe keine Lust, nach einem Kleid zu gucken, weil der überall lauernde Nick und nicht reich zu sein – da geht bei mir gar nichts mehr.

Nicht in Ordnung: ein Kleider-Podcast
Episode drei

Ich: Hallo, Fisher-Mittelschule und alle anderen da draußen. Hier ist Molly Frost, und ihr hört gerade *Nicht in Ordnung – ein Kleider-Podcast.* Heute habe ich Pearl P. zu Gast, Tennisspielerin, Leiterin des FMS Clubs für gemeinnützige Arbeit, Herausgeberin der Literaturzeitschrift unserer Schule und Gründerin der Panasiatischen Allianz. Habe ich was vergessen?

Pearl: Nein. Das ist so ziemlich alles.

Ich: Was hast du für Erfahrungen mit der Kleiderordnung an unserer Schule gemacht?

Pearl: Also, tatsächlich bin ich noch nie gekleiderordnet worden. Aber ich habe schon zu oft erleben müssen, wie meine Freundinnen verwarnt wurden. Und ich habe gesehen, was im Garten passiert ist. Ich habe mich so darüber aufgeregt, dass ich an dem Abend noch ein Gedicht darüber geschrieben habe.

Ich: Oh. Magst du es vortragen?

Pearl: Vielleicht ein andermal. Jedenfalls, zu sehen, wie unser Schulleiter und ein anderer Lehrer meine Freundin angeschrien, sie gedemütigt und zum Weinen gebracht haben, hat mich so wütend gemacht. Und gleichzeitig wusste ich nicht, was ich tun soll, um ihr zu helfen. Ich habe einfach dagestanden. Wie eingefroren.

Ich: Ich weiß. So ging es mir auch. Wie hast du dich dabei gefühlt?

Pearl: Wie eine Fliege, die in einem Spinnennetz gefangen ist und zugucken muss, wie eine andere Fliege von zwei ekligen haarigen Spinnen aufgefressen wird.

Das ist diese Woche das dritte Mädchen in der Mittelschule, das sich mit einem Insekt vergleicht.

Pearl: Und ich denke an all die Mädchen in der Klasse meiner kleinen Schwester, die glücklich durch die Gegend rennen und einfach Kind sein können. Ich möchte nicht, dass sie so etwas durchmachen müssen.

Ich: Hast du dich schon mal gefragt, warum du nie gekleiderordnet wurdest?

Pearl: Nein. Das muss ich mich nicht fragen.

Sie zeigt auf ihre Brust.

Pearl: Ich trage die gleichen Sachen aus den gleichen Läden wie Liz und Bea und alle anderen auch. Ich bin nur, du weißt schon.

Ich: Kleiner.

Pearl: Kleiner.

Und an der Fisher-Mittelschule ist kleiner gleichbedeutend mit unsichtbar.

Pearl: Wusstest du, dass Catherine, das Mädchen, das auf die katholische Schule gewechselt ist, letztes Jahr gekleiderordnet wurde, weil sie Fieber hatte? Ihr Gesicht war rot, und sie hat sich an die Wand gelehnt, weil ihr schwindlig war. Die Heizung war an, und sie hat ihren Hoodie ausgezogen, weil ihr so heiß war. Couchman hat sich auf sie gestürzt und sie gezwungen, ihren Pullover wieder anzuziehen, weil man ihre Schultern sehen konnte. Er hat ihr nicht mal ins Gesicht geguckt. Hätte er das getan, hätte er sehen können, dass sie krank ist. Sie lag danach zwei Wochen flach. Ist ihm wahrscheinlich gar nicht aufgefallen.

Ich: Glaubst du, Couchman hat überhaupt schon mal jemandem ins Gesicht geguckt?

Pearl: Mir jedenfalls nicht.

Ein Berg aus Mutmachsteinen als Mahnmal

Ich begleite Pearl durch den Wald hinter unserem Haus. Es ist warm, und die Luft ist voller Pollen. Die, die so aussehen wie Senfsamen und an Gartenstühlen und Motorhauben kleben bleiben. Wir haben einen Besen mitgenommen, nur für den Fall, dass uns ein Bär begegnet – ja, ein Bär. Man nennt unsere Stadt den Bären-Brennpunkt in Connecticut. Eigentlich sind Bären scheu, aber eine Bärenmutter mit ihren Jungen versteht keinen Spaß.

Pearls Mutter, die sie vor den Tennisplätzen der Schule abholen wollte, hat sich verspätet, also gehen wir in den Garten. Mrs Tuckers Mutmachsteine bilden einen Haufen, ein notdürftiges Mahnmal für den Tod der Kindheit.

Jedes Jahr trägt Mrs Tucker am ersten Schultag eine Kette aus winzigen Mutmachsteinen. Sie ruft die Siebtklässler in die Turnhalle und bittet sie, am nächsten Tag mit einem besonderen Stein zurückzukehren, auf den sie etwas schreiben sollen, das sie durch die Mittelschule begleitet.

Ich war so aufgeregt an dem Morgen, in meinem neuen Outfit und meinem Rucksack mit den vielen Fächern samt glitzerndem Schlüsselanhänger. Ich konnte es kaum erwarten, meinen Stein zu finden und mir ein Wort oder einen Satz auszudenken. Aber eine Stunde später hörte ich von Lizas Verwarnung und habe den Rest meines ersten Schultages damit verbracht, mich vor den Lehrern zu verstecken.

Den Stein habe ich dabei ganz vergessen, und Mrs Tucker musste mir am nächsten Tag einen aus ihrer Ramschkiste geben. Ich habe ihn blau angemalt und wusste nicht, was ich draufschreiben sollte. Ich habe dann Bea nachgemacht, die auf beide Seiten *Sei nett* geschrieben hatte.

Sei nett. Wie einfallslos, so etwas auf einen Mutmachstein zu schreiben. Außer Nick und seinen Freunden und ein paar Mädchen, die eher herrisch als unfreundlich sind, kenne ich kaum jemanden, der absichtlich nicht nett ist. Die meisten sind so damit beschäftigt, beliebt zu sein oder gute Noten zu bekommen oder in der Menge zu verschwinden, dass sie gar nicht daran denken, an andere zu denken. Aber sie wollen nicht *nicht* nett sein. Ich hätte auf eine Seite *Sei nett* und auf die andere *zu dir selbst* schreiben und es mir dann fünf Mal am Tag aufsagen sollen.

»Was hast du auf deinen Stein geschrieben?«, frage ich Pearl heute. Sie fotografiert gerade einen Schmetterling, der auf einem Rosenbusch sitzt.

Sie lacht. »Lieb sein.«

»Wow. Das ist ja genauso originell wie ›Sei nett‹.«

»Was würdest du heute draufschreiben?«, fragt Pearl.

Ich überlege. »Wahrscheinlich: ›Lass dich zu Hause unterrichten‹.«

Pearls Mom fährt vor. Ihre Schwester springt aus dem Auto und rennt in den Garten. »Schau mal, der Schmetterling«, sagt Pearl. Ihre Schwester ist klein, vielleicht fünf oder sechs Jahre alt, und sie rennt so glücklich zwischen den Blumenbeeten auf und ab.

Sorgenfrei.
Schamfrei.
Frei.

Ein Brief an meine Biber-Gruppe

Wenn ich einen Brief an meine Pfadfindertruppe in der ersten Klasse schreiben könnte, dann würde ich ihn auf ein Stück Pappe kleben und das Ganze mit verschiedenen Nudeln dekorieren, die ich vorher in Glitzerfarbe getaucht hätte. Da würden sie auf jeden Fall hingucken!

Liebe Biber,
ich weiß, ihr freut euch auf euren Ausflug in den Zoo und auf das Abzeichen, das ihr dafür bekommen werdet (ich erinnere mich nicht mehr, welches genau es ist). Bald werdet ihr eure Frühstücksdosen einpacken, und Emma wird uns zu sich einladen, um uns Tiergesichter zu schminken, bevor wir uns am Bus treffen. Wir suchen uns unsere Sitznachbarn schon vorher aus. Ich werde neben dir sitzen, Bea.
Emma wird Megan Birch nicht zum Schminken zu sich einladen. Megan wird lächelnd am Bus auftauchen, genauso aufgeregt wie wir anderen auch. Aber wenn sie dann zwölf Gesichter sieht, die alle wie Tiger und Vögel und Schmetterlinge geschminkt sind, wird sie ganz enttäuscht sein.
Und Megan wird noch enttäuschter sein, wenn wir zwölf in den Bus steigen und in Paaren zu unseren Sitzen drängeln, während sie ganz allein sitzt.

Wie, glaubt ihr, wird Megan sich dann fühlen, Biber?
Wie würdet ihr euch fühlen?
Megan Birch ist klug und lustig, und sie liebt Pferde
und Graphic Novels. Ich weiß das, weil sie dieses Jahr
in der achten Klasse meine Partnerin im Schüler-
labor war. Sie läuft und redet so, weil sie spastische
Lähmung hat. Das ist nicht ihre Schuld.
Sie wurde so geboren.
Ihr werdet durch den Zoo rennen, Tiere auf eurem
Arbeitsblatt abhaken und euch über die verschiedenen
Formen von Tierkacka lustig machen. Bevor *Busen* das
lustigste Wort ist, das ihr kennt, wird *Kacka* lange für
Belustigung sorgen.
Megan wird zurückbleiben, nicht, weil sie hinkt, sondern
weil wir ihr ein Stückchen ihrer Seele genommen
haben. So läuft das dann, Biber. Glaubt mir.
Jemanden auszuschließen ist grausam. (Ich weiß nicht,
ob ihr das schon versteht. Die erste Klasse ist zu lange
her.) Aber wir werden grausam sein, indem wir andere
ausschließen, und Megan Birch wird den größten Teil
ihrer Schulzeit allein sein.
Es braucht nicht viel, um lieb zu sein.

Wenn dein bester Freund ein Junge ist, sind Gespräche manchmal ganz schön peinlich

Als ich durch den Wald zurück nach Hause gehe, treffe ich auf Will. Er sitzt am Picknicktisch und versucht, die Drohne seines Vaters zu reparieren.

»Was machst du da?«, frage ich.

»Ich will sehen, ob das Lacrosse-Spiel noch läuft.«

»Warum guckst du nicht einfach auf Snapchat?«

»Ich musste mein Handy abgeben.«

»Wegen diesem Onlinespiel?«

»Jup.«

»Hey, ich bin noch immer sauer auf dich wegen Olivia.«

Er schüttelt den Kopf. »Woher sollte ich wissen, dass sie eine Tampon-Versagerin ist?«

»Weißt du überhaupt, was eine Tampon-Versagerin ist?«

»Nicht so wirklich. Was ist das denn?«

Ich wechsle das Thema. »Findest du die Kleiderordnung nicht auch lächerlich? Mal ehrlich.«

Er nimmt die Drohne auseinander und legt die Einzelteile auf den Tisch. »Ich weiß nur, dass ich froh bin, kein Mädchen zu sein. Ich hätte keinen Bock darauf, dass man mir vorwirft, ich hätte die Klassenfahrt versaut.«

»Werden Jungs von nackten Schultern abgelenkt?«

Er lacht. »Jetzt mach mal halblang, Molly.«

»Was ist mit Beinen?«

»Glaubst du wirklich, ein paar Zentimeter Stoff machen für uns so einen Unterschied? Das hat nichts damit zu tun, ob ich mich in Mathe konzentrieren kann oder nicht. Trau uns mal ein bisschen was zu. Jungs sind keine wilden Tiere.«

»Manche schon.«

»Stimmt. Ich schwöre dir, dass das nichts damit zu tun hat, was Mädchen anhaben.«

»Würdest du das bei einem Podcast sagen?«

»Was? Warum?«

»Ich mache einen Podcast über die Kleiderordnung an der Schule.«

»Aber klar. Dafür werde ich dann bestimmt nicht ins nächste Schließfach geschubst.«

»Ach, komm schon. Das macht doch nicht wirklich jemand. Sei mutig!«

»Dann komm du mal mit mir zum Sport.«

Will überredet mich, noch ein bisschen zu bleiben und die Drohne fliegen zu lassen. Die ist ganz schön laut, und ich bin sicher, dass wir jedes schlafende Baby in der Nachbarschaft aufwecken. Ich ziehe die Brille an, die zur Drohne gehört und mit der man alles, was gefilmt wird, sehen kann. Will steuert das Ding über die Schule und den Fußballplatz, über die Tankstelle und das Naturschutzgebiet, Starbucks, die Pizzeria, die andere Pizzeria und das Thai-Restaurant. Sie segelt über die Highschool, und ich versuche, nicht daran zu denken, dass ich da bald hingehen werde und mich zurechtfinden muss. Dann lässt Will die Drohne langsam über das Lacrosse-Feld fliegen.

»Das Spiel ist vorbei«, sage ich.

»Ich hatte eh keine Lust, hinzugehen«, sagt er. »Ist Danny zu Hause?«

Ich ziehe die Brille runter und starre ihn wütend an.

»Wehe, du rauchst den Scheiß jetzt auch.«

»Nie im Leben, Molly. Du kennst mich doch.«

Ja, ich kenne Will. »Du kommst auch nicht zu uns, nur damit du dieses Spiel weiterspielen kannst.«

»Und wenn ich zustimme, bei deinem Podcast mitzumachen?«

»Ich denke drüber nach.«

Kontaktdaten

Navya und ich haben unsere E-Mail-Adressen und Tele-
fonnummern beim stellvertretenden Schulinspektor hin-
terlassen. Jeden Tag checken wir unsere E-Mails und unsere
Mailbox. Und jeden Tag bekommen wir keine Antwort.

Der Gruppenchat der weißen Kleider

Nachdem Ashley ihr neues Kleid gepostet hat, startet Bea den Gruppenchat der weißen Kleider. Mom hat mir erlaubt, vier Kleider online zu bestellen, wenn ich verspreche, dass ich zur Post gehe und die, die ich nicht haben will, zurückschicke. (Mom hasst es, zur Post zur gehen.)

Bea nimmt fast alle Mädchen aus unserer Klasse in den Gruppenchat auf.

Ich sorge dafür, dass Megan Birch auch mit dabei ist.

Dann gucke ich, ob Megan die Schülerin ist, die in unserer *Klassenfahrt – ja klar!*-Gruppe fehlt. Sie ist es nicht.

Zwölftklässlerinnen sind gar nicht so schrecklich, wie sie aussehen

Mir ist kalt. Ich wusste zwar, dass es kalt und regnerisch wird, aber ich wollte trotzdem Shorts anziehen, weil ich unbedingt noch gekleiderordnet werden will, bevor die Mittelschule vorbei ist. Heute bin ich nicht erwischt worden (wie immer). Ich kuschle mich neben Mary Kate auf dem Vordersitz im Bus ein und fange an, meinen Schulordner zu sortieren. Morgen muss ich vier Tests schreiben.

»Bist du Molly?« Ich drehe mich um, weil ich sehen will, wer mich anspricht. Hinter uns steht eine Zwölftklässlerin und starrt auf mich runter.

»Ja.« Ich habe Angst. Sie ist alt, der älteste Mensch im Bus, abgesehen vom Fahrer. Ich habe keine Ahnung, woher eine aus der Zwölften weiß, wie ich heiße.

»Ich habe deinen Podcast über Bodyshaming gehört.«

»Echt?«

Seit gestern um Mitternacht ist der Podcast online. Bea hat die ersten beiden Episoden hochgeladen, und wir haben den Link zum Podcast überall geteilt. Die einzige Person, die ihn bisher kommentiert hat, ist Delia, die unter Schlafstörungen leidet. Ihr Feedback war ziemlich gut.

»Ja. Ich möchte gerne erzählen, wie es mir und meinen Freundinnen auf der Mittelschule ergangen ist. Das war ganz schön übel«, sagt die Zwölftklässlerin.

Ich sehe sie an und spüre, wie mein Mut wächst.

»Wärst du bereit, für den Podcast ein Interview zu geben?«

Sie zögert kurz. »Ja. Ich bin so was von bereit.«

Ich habe keine Ahnung, wie eine Zwölftklässlerin in mein Baumhaus passen soll.

Kirschkuchen

Ich weiß nicht, ob ich den Naturwissenschaftskurs dieses Jahr ohne Megan Birch überlebt hätte. Manche Leute raffen es. Andere nicht. Sie rafft es. Ich nicht. Wir sitzen auf unseren Stühlen an den hohen Tischen hinten im Kursraum und warten auf den Lehrer, der irgendetwas Geheimnisvolles im Lehrerzimmer vergessen hat.

Megan und ich haben gestern etwa drei Stunden gefacetimt. So lange hat es gedauert, bis ich das mit den tektonischen Platten kapiert habe. Okay, ganze drei Stunden habe ich dafür nicht gebraucht. Wir haben uns auch gegenseitig unsere Zimmer gezeigt. Megans Zimmer ist zitronengelb gestrichen, und an ihren Wänden hängen überall Polaroids von ihr und ihrem besten Freund Graham. Er war früher auf unserer Schule, aber in der siebten Klasse ist er auf die Katholische gewechselt.

Als ich Megans Zimmer gesehen habe, wollte ich meins sofort komplett neu machen. Aber das kann ich nur, wenn ich einen Job finde. Oder wenn jemand stirbt und mir sein ganzes Geld hinterlässt.

Megan greift in ihren Rucksack und holt zwei Schokoladenkugeln raus.

»Willst du auch?«, fragt sie.

Ich nehme sie, pule die grüne Folie ab und stecke die Schokolade in den Mund. »Danke. Die sind noch von Weihnachten, oder?«

Sie lacht. »Ja. Ich hebe sie mir im Gefrierfach auf für …«
Sie zögert. »Wenn ich meine Tage habe, weißt du?«

Eigentlich würde ich jetzt zustimmend nicken und lügen
und behaupten, ich hätte auch das Gefrierfach voller Schokolade für die Zeit, in der ich meine Tage habe. Aber Megan
ist wie ein menschliches, fleischgewordenes Wahrheitsserum.
Aus irgendeinem Grund kann ich sie nicht anlügen.

Ich lehne mich zu ihr rüber und flüstere ihr ins Ohr: »Ich
habe sie noch nicht.« Sie riecht wie Bea. Ich glaube, sie benutzen das gleiche Shampoo.

Sie nickt. »Sei froh. Guck mal.« Sie deutet auf die kleinen
Pickel auf ihrer Stirn und Nase. »Wie eine topografische
Karte.« Ich schätze mal, dass sie mit Graham nicht über so
was redet.

»Oh, die habe ich auch. Nur meine sind groß und krus-
tig.« Ich taste meine Nase ab. »Der hier ist wie ein riesiger
Vulkan auf einer kleinen Insel.«

»Du bekommst sie bestimmt bald. Bereite dich gut vor.«

»Keine Sorge. Meine Oma hat mir einen Beutel bestickt,
extra für Binden.« Ich klopfe auf das Außenfach meines
Rucksacks.«

»Oh. Das ist aber süß.«

Mr Lu tritt die Tür zum Kursraum auf und kommt mit
einem riesigen Kuchen in den Händen rein.

»Mannomann. Haben Sie Geburtstag?«, ruft Tom.

»Nein. Das ist euer Test.« Er stellt den Kuchen auf das
Pult, nimmt ein großes Messer raus und schneidet hinein.

»Dürfen Sie ein Messer mit in die Schule bringen?«, fragt

Jack Reese. Mr Lu wirft ihm einen komischen Blick zu und schneidet weiter.

Er legt ein riesiges Stück auf einen Pappteller und zeigt auf das Innere des Kuchens. »Das hier, liebe Leute, ist der Querschnitt eures Planeten. Es gibt drei Schichten: Streusel, Kirschen und die Kruste am Boden. Benennt sie und schreibt einen Aufsatz darüber, und wenn ihr fertig seid, können wir den Kuchen essen.«

»Ich bin allergisch gegen Obst mit Kernen«, sagt ein Mädchen namens Amelia.

»Ich kapiere das nicht«, sagt Jack.

Mr Lu wollte süß und gewitzt sein, aber keiner versteht die Kuchenaufgabe, und am Ende sagt er: »Vergesst es einfach.« Er nimmt einen Ordner von seinem Pult und verteilt die ganz normalen Tests.

Die Erdkruste.

Die Kuchenkruste.

Die Pickelkruste.

Wenn man lange genug darüber nachdenkt, hängt irgendwie alles zusammen.

*

Will rennt nach der Schule auf mich zu, um sich mein Handy zu leihen. Er will seine Mom anrufen und ihr sagen, dass er doch nicht zum Roboterclub, sondern stattdessen lieber mit ihr Pizza essen gehen will.

»Wie lange behalten sie denn dein Telefon noch?«, frage ich, als seine Mutter nicht drangeht und wir zusammen durch den Wald nach Hause schlendern.

»Bis zum Ende des Sommers.«

Ich bleibe ruckartig stehen. »Was? Sie nehmen es dir für vier Monate weg, nur weil du dieses Spiel zu oft gespielt hast? Nur deswegen?«

Er zögert. »Sie glauben, ich bin süchtig.«

»Du bist total süchtig, aber das ist trotzdem ganz schön hart.«

Wir bleiben noch mal stehen, weil Will sich den Schuh zubinden muss.

»Meine Mom ist ausgeflippt, als sie in mein Zimmer kam und ich nicht aufgehört habe zu spielen, obwohl ich krank war.«

»Warum ist sie ausgeflippt?«

»Na ja, ich hatte Magen-Darm und habe in den Papierkorb neben meinem Bett gekotzt, statt ins Bad zu gehen, weil ich nicht aufhören wollte zu spielen.«

Ich trete ein paar Schritte zurück. »Iih, ekelhaft, Will. Du bist echt widerlich.«

»Vielen Dank auch. Meine Mom hat mir das auch schon deutlich zu verstehen gegeben.«

»Wirst du denn wirklich damit aufhören?«

»Vielleicht.«

Wir gehen durch seinen Garten auf das Baumhaus zu. »Machst du jetzt beim Podcast mit?«, frage ich und vergesse beinahe, dass die Zwölftklässlerin morgen Abend vorbeikommt.

»Zur Kleiderordnung habe ich nicht wirklich was zu sagen.«

»Hast du ein Glück.«

Ich renne ins Haus und hole zwei Tüten Chips und ein Glas Sprudel für uns. Auf halbem Weg zum Baumhaus fällt mir ein, dass Will gerade Magen-Darm hatte, und ich renne schnell zurück, um ein zweites Glas zu holen. Als ich oben ankomme, liegt Will auf seinem üblichen Platz, den Kopf auf meinem Pu-der-Bär-Kissen, die Füße gegen die Wand gestreckt.

»Habt ihr in NaWi heute Kuchen bekommen?«, frage ich, und plötzlich fällt mir auf, dass ich heute nicht ganz so viel Hunger habe wie sonst nach der Schule.

»Nee, warum?«

Ich wette, Mr Lu hat beschlossen, seinen Kuchen nicht mehr an Achtklässler zu verschwenden. Bestimmt sitzt er gerade in seinem Auto auf dem Parkplatz und isst den Kuchen für Wills Kurs mit einem Plastiksgöffel allein.

»Wie gut kennst du eigentlich diese Pearl?«, fragt Will aus heiterem Himmel.

Er spricht nie mit mir über Mädchen.

»Warum? Magst du sie?«

Sein Gesicht wird kirschrot, und ich weiß nicht so recht, was ich davon halten soll.

»Ziemlich gut«, sage ich, und dann wird mir was klar. »Bist du deswegen hier oben? Weil du hoffst, dass sie auftaucht?«

»Molly, ich hab bisher etwa achtzig Prozent meines Lebens hier oben verbracht.«

»Ja, aber nur acht Prozent davon in der achten Klasse. Was das heißt, kannst du dir ja selbst ausrechnen.« Ich trinke einen Schluck. »Mir ist das egal, Will. Aber sei ehrlich.«

»Ich hau ab. Du nervst.«

»Geh und kotz auf dein Spiel.«

Als das Baumhaus noch kein Aufnahmestudio für Podcasts war, war es[1]:

1. Eine Grotte für Meerjungfrauen und Wassermänner. Berge von Muscheln. Eimerweise Sand aus unserem alten Sandkasten. Überall hing Stoff in Blautönen.
2. Ein Feenhaus. Schillernde Stoffe in Rosa, Gelb und Grün. Papierblumen. Pappschmetterlinge mit Kulleraugen.
3. Ein Güterwagen aus einer Kinderbuchserie. Löffel, Blechteller, ein Schulranzen, Kräcker und einfache Kekse. Rot-weiß karierter Stoff für die Fenster.
4. Ein Bergfried. Mit ganz, ganz vielen Schwertern aus Pappe, eingewickelt in Alufolie.
5. Der Gryffindor-Gemeinschaftsraum. Rot und Gold mit Zauberstäben aus umfunktionierten Schwertern.

Die Holzdielen passen nicht genau ineinander. Dazwischen sind Lücken, wie zwischen den Zähnen vor der Zahnspange. Und alles ist in ihnen stecken geblieben – Stoffreste, Sand,

---

1 Mit besonderem Dank an den Baumarkt, wo uns Mom jedes Mal hingefahren hat, wenn wir eine neue Idee hatten.

Glitzer, Alufolie, Rot und Gold, winzige Muscheln und bestimmt Millionen von Kekskrümeln.

Und Magie.

Zwischen diesen Holzdielen steckt ganz viel Magie.

Nicht in Ordnung: ein Kleider-Podcast
Episode vier

Ich: Hallo, Fisher-Mittelschule und alle anderen da draußen. Hier ist Molly Frost, und ihr hört *Nicht in Ordnung: ein Kleider-Podcast*, Episode vier. Heute führe ich ein Interview mit Jessica H. über ihre Erfahrungen an der Mittelschule. Sie geht in die zwölfte Klasse auf der Highschool. Danke, dass du hier bist, Jessica.

Sie hat ihre Freundin Jasmine mitgebracht. Die sitzt in der Ecke, starrt uns an und isst einen Energieriegel. Aber sie sieht nett aus und ist gar nicht so Furcht einflößend, wie ich zuerst dachte.

Jessica: Aber klar. Kein Problem. Ich habe noch nicht vielen Leuten erzählt, was damals passiert ist, deswegen bin ich froh, dass du damit angefangen hast.

Ich: [ich räuspere mich] Normalerweise sage ich erst mal etwas über meinen Gast. Magst du etwas über dich erzählen, bevor wir erfahren, wie es dir ergangen ist?

Jessica: Ähm, also, ich habe schon die Zulassung für die Vanderbilt-Uni, darüber bin ich ziemlich begeistert. Und es sind nur noch siebzehn Tage Schule, bis ich endlich da raus bin.

Ich: Moment, ich dachte, es wären noch achtzehn?«

Jessica: Wir Zwölftklässler haben einen Tag weniger.

Ich: Ach ja.

Jessica: Soll ich einfach anfangen?

Ich: Ja klar. Dann erzähl mal, wie es früher auf der Fisher-Mittelschule war. Gab es da auch schon die Kleiderordnung?

Jessica: Jup. Und das war nicht gut. Couchman ist gekommen, als wir in der siebten Klasse waren. Der Schulleiterin vor ihm, Ms Milholland, war die Kleiderordnung egal. Sie hat die Mathe-Olympiade-Mannschaft bis in die Bundesrunde gebracht. Gibt's die noch?

Ich: Ja. Aber es sind nur noch drei Schüler in der Mannschaft, und einer ist ein Fünftklässler, der ein paar Klassen übersprungen hat.

Jessica: Ms Milholland war eine Legende. Bevor sie Schulleiterin wurde, war sie die Lehrerin meiner Mutter. Alle haben sie geliebt.

Ich: Ich habe auch viel Gutes über sie gehört.

Jessica: Meine ältere Schwester ist nicht ein einziges Mal gekleiderordnet worden, und glaub mir, wenn Couchman da schon da gewesen wäre, dann wäre sie seine Zielscheibe gewesen. Von Anfang an war die Schulordnung für ihn so was wie die Verfassung der Vereinigten Staaten. Noch nicht mal das – die Verfassung darf man ja interpretieren. Mehr so, als wäre sie eine Gebrauchsanweisung für Faschismus.

Ich: Hat er direkt damit angefangen, die Kleiderordnung durchzusetzen?

Jessica: Gleich an seinem ersten Tag als Schulleiter wurden

Freundinnen von mir im Flur zur Seite genommen, ihnen wurde gesagt, dass sie die Schulordnung lesen sollen und sich danach zu richten hätten, sonst gäbe es Ärger. Danach hat er die Fingerspitze eingestellt, damit sie in der Schule auf der Suche nach nackten Schultern und Beinen und BH-Trägern, und was ihn sonst noch stört, patrouilliert. Und dann, eines Tages – ich weiß das Datum noch ganz genau, der 14. September, denn da hatte meine Freundin Vani Geburtstag –, steckte ich gerade mit dem Kopf in meinem Schließfach, um ihr Geschenk zu finden, da spürte ich, wie mir jemand unten auf den Rücken tippte. Ich dachte, es wäre einer dieser widerlichen Jungs. Aber es war Couchman, der hinter mir stand. Ich sollte ihm folgen. Ich war echt nervös und hatte Angst, zu meinem ersten Mathetest bei dem schlecht gelaunten Mr Dern zu spät zu kommen.

Ich: Oh ja. Der hat immer noch schlechte Laune.

Jessica: Ich folgte Couchman in die Bibliothek, wo vier andere Mädchen an einem Tisch saßen. Eine davon kannte ich, die anderen vom Sehen. Ich hatte keine Ahnung, warum wir da waren. Dann schloss er die Tür hinter uns, und wir mussten uns vor dem Fenster aufstellen. Wir wurden aufgefordert, einander anzugucken, da wir alle gegen die Kleiderordnung verstoßen hätten. Würde das ein weiteres Mal passieren, sagte er, müssten wir nach Hause gehen und uns umziehen, und wenn wir uns danach immer noch nicht an die Kleiderordnung hielten, würden wir suspendiert werden. Ein Mädchen, das heute eine meiner besten Freundinnen ist, hatte eine ziemlich große Klappe. Hat sie immer noch, aber egal, eines Tages wird sie eine berühmte Rechtsanwältin sein. Jedenfalls hat sie gefragt, was mit unseren Kleidern nicht stimmt. Dann zog er so eine laminierte Seite heraus und wedelte damit rum. Später haben wir rausgefunden, dass er die Kleiderordnung aus dem Handbuch mit der Schulordnung rausgerissen und sie hat laminieren lassen. Er hat gesagt, dass unsere Fingerspitzen nicht über unsere Shorts reichen und unsere BH-Träger nicht zu sehen sein dürfen. Er hat tatsächlich das A-Wort gesagt. A wie Ablenkung. Unsere Kleider würden die Jungs ablenken, die sich auf die Schule konzentrieren wollen. Das Mädchen, das jetzt eine meiner besten Freundinnen ist, fing an zu lachen, und er wurde total wütend und hat sie ins Sekretariat geschickt. Ihr Vater musste ihr ein Shirt bringen, bei dem man nicht ihre BH-Träger sehen konnte, und hatte keine Ahnung, welches er nehmen sollte. Letztendlich hat er ihr das hässlichste Shirt gebracht, das sie besaß, und sie war echt sauer. Das Ganze war eine totale Schweinerei.

Ich: Das ist ja schrecklich.

Jessica: Das Schlimmste an der Sache war, dass ich meinen ersten Mathetest verpasst hab, weil Couchman so damit beschäftigt war, die Jungs vor unseren nackten Schultern zu beschützen. Dern hat mir nicht erlaubt, den Test nachzuschreiben, und ich habe eine Sechs bekommen.

Das war die erste und einzige Sechs, die ich je bekommen habe.

Ich: Wow. Haben deine Eltern irgendwas deswegen unternommen?

Jessica: Mein Dad hat einen Freund bei der Schulbehörde angerufen und ihm gesagt, dass das eine absurde Regelung ist, an der sie etwas ändern müssen. Sein Freund hat gesagt, er würde der Sache nachgehen, aber es ist nie was passiert, und als ich auf die Highschool kam, hat mein Dad es dann vergessen.

Ich: Hat sich denn irgendwas verändert?

Jessica: Wenn überhaupt, dann ist es schlimmer geworden. Die Fingerspitze hat uns noch unzählige Male gekleiderordnet. Sie hat mich oft schikaniert, weil ich mich angeblich zu freizügig kleide, dabei bin ich eigentlich total befangen, wenn es zum Beispiel um meinen Bauch geht, und achte immer darauf, dass meine Shirts so sitzen, dass man bloß nichts sieht. Puh. Ich war so unglücklich.

Ich: Es ist einfach nur ungerecht.

Jessica: Es gibt noch so viel mehr Geschichten.

Sie sieht zu ihrer Freundin rüber, die sich die Tränen aus dem Gesicht wischt.

Jessica: Was ist denn los, Süße?

Jasmine: Tut mir leid. Es war einfach echt schlimm in der Mittelschule.

Jessica: Sie wurde viel öfter gekleiderordnet als ich, die Mäd-

chen waren gemein zu ihr und die Jungs unverschämt.
Weil sie eben wunderschön ist.

Jasmine: Nein, bin ich nicht.

Jessica: Ach, bitte. Du bist umwerfend. Molly, mach weiter so. Das ist wichtig. Es muss nicht so laufen wie bisher.

Ich: Was sollen wir denn machen?

Jessica: Wehrt euch.

Jasmine: Wehrt euch, damit Mädchen sich endlich in Frieden kleiden können.

Ich: In Frieden kleiden können. Das gefällt mir.

Der Jessica-Podcast geht um Mitternacht auf Sendung.

@NichtinOrdnungeinKleiderPodcast

Wir haben jetzt eine Instagram-Seite. Nach Jessicas Podcast haben uns über hundert Leute abonniert, und ganz viele Schülerinnen aus der Highschool haben Fotos von sich gepostet, in denen sie Sachen anhatten, für die sie gekleiderordnet wurden.

Das ist ganz schön cool.

Und ich habe heute alle mit einem Post auf den neuesten Stand gebracht:

Es ist 16.00 Uhr, und wir haben noch immer keine Antwort vom stellvertretenden Schulinspektor zu unserer Petition erhalten. Wir haben seine Sekretärin angerufen. Sie hat gesagt, er würde unsere Petition »bald« prüfen.

Ein Schrein für Ms Milholland

Ms Lane, unsere Lehrerin für Sprach- und Literaturunterricht, hat für die alte Schulleiterin Ms Milholland einen Schrein errichtet, ein rot angemaltes Regal neben ihrem Pult. Ms Milholland ist ihr leuchtendes Vorbild, und sie findet, dass wir uns alle Vorbilder suchen sollten. Auf dem Regal stehen: ein Foto von Ms Milholland, auf dem sie mit erhobenen Armen vor der gesamten Schule spricht; eine Geburtstagskarte von Ms Milholland; ein Vogel aus Glas; ein Elefantenanhänger aus Zinn; und das Namensschild von Ms Milholland.

Bis vor ein paar Monaten dachten wir alle, dass Ms Milholland schon längst tot ist. Aber dann hat sie Ms Lane zum Geburtstag mit dem Glasvogel und einem Cupcake überrascht. Weil sie schon so viele von unseren Eltern unterrichtet hat, hatte ich sie mir älter vorgestellt und aus irgendeinem Grund nicht so klein. Aber sie ist jünger als Oma und süßer als ein Cupcake.

Sie hat Ms Lane zu Tränen gerührt.

Ich wette, Couchman hat Ms Lane bis zum heutigen Tag nicht gratuliert.

Wer hat schon mal einen Müllsack anprobiert?

Mary Kate erzählt mir im Bus alles über ihr NaWi-Projekt. Sie untersucht die Auswirkungen der Algenblüte, die auch die rote Flut genannt werden, auf Seekühe in Florida, und es klingt schrecklich.

»Ich liebe Seekühe«, sage ich.

»Sie sterben, und es ist so traurig. Und die Wasserverschmutzung wird durch die Menschen immer schlimmer.«

Ich habe das Gefühl, dass die Mittelschule Mary Kate verändert hat. Sie ist nicht mehr einfach nur ein verschrecktes Mädchen wie am ersten Schultag. Sie ist jetzt jemand.

»Wo ist denn Danny?«, fragt sie und reicht mir ein Gummibärchen.

»Keine Ahnung. Wahrscheinlich hat meine Mom ihn abgeholt.«

Zu Hause gucke ich in den Briefkasten, und da liegt das Päckchen mit den Kleidern, die ich bestellt habe, zusammen mit einem Reklamezettel für Gartenarbeit und einem Zwanzig-Prozent-Gutschein von Bad & Bett. Als ich reingehe, brüllen Mom und Danny sich gerade an, aber ich beachte sie nicht weiter und renne nach oben, um meine Kleider anzuprobieren. Ich schließe die Tür und reiße das Päckchen auf. Die Kleider sind total süß. Da wird bestimmt eins dabei sein.

Das erste ist zu groß.

Das zweite erinnert mich an einen Lieblingsspruch von meiner Oma: »Das sieht aus wie ein schlaffer Müllsack.«

Das dritte sieht auch aus wie ein schlaffer Müllsack.

Danny stampft die Treppe hoch und knallt seine Tür zu.

Ich hole tief Luft und probiere das letzte Kleid an. Ich habe sie alle in der kleinsten Größe bestellt, die es gab. Wenn das hier auch nicht passt, bin ich genauso weit wie vorher. Ich stelle mich vor den Spiegel und ziehe mir das Kleid über den Kopf.

Es. Sieht. Aus. Wie. Ein. Schlaffer. Müllsack.

Ich falte die Kleider wieder sorgfältig zusammen und stopfe sie zurück in das Päckchen. Ich könnte meinen Freundinnen schreiben und sie fragen, ob irgendjemand Kleider anprobieren will, bevor ich sie zur Post bringe, aber ich habe keine Lust.

Halb so schlimm.

Ich könnte auch eine Seekuh sein, die in einer roten Flut schwimmt.

Kirmes-Kaleidoskop

Jedes Jahr findet die Kirmes der Saint Marys Gemeinde am Wochenende zwischen Muttertag und dem Memorial Day statt. Wer die Mittelschule hinter sich hat, geht eigentlich nicht mehr auf die Kirmes. Also ist dieses Jahr unsere letzte Chance, in riesigen Gruppen zwischen schmuddeligen Schaubuden über ein großes Feld zu ziehen, die Schüler von der katholischen Schule anzustarren, während wir Eis und Zuckerwatte essen und versuchen, hübsch auszusehen.

In meinem Zimmer sieht es aus, als hätte das Einkaufszentrum auf meinen Fußboden gekotzt. Ich habe jedes einzelne Kleidungsstück aus meinem Schrank und meinen Schubladen gezogen, sie in verschiedenen Kombinationen anprobiert, Bilder an meine Freundinnen geschickt, und hier stehe ich nun – verzweifelt.

»Zieh die schwarzen Leggings und das bauchfreie blaue Top an«, sagt Navya, als sie reinkommt. »Das sieht gut aus.«

»Und du siehst fantastisch aus. Ich will nicht nur *gut* aussehen.«

Navya setzt sich an meinen Schreibtisch und schaltet den Schminkspiegel an. Ich bin so genervt, dass ich am liebsten schreien würde. Ich ziehe die Leggings und das bauchfreie blaue Top an und drängle Navya zur Seite. Wir teilen uns den Stuhl und malen uns für die Kirmes an.

»Was ist mit Ashley los?«, fragt Navya.

»Wieso? Was meinst du damit?«

»Sie hat Bea gesagt, dass sie die Podcasts nervig findet und dass sie es nicht fassen kann, dass wir extra einen Instagram-Account erstellt haben, um uns über die Kleiderordnung zu beschweren.«

Ich starre sie im Spiegel an. »Was?«

»Jup. Ist dir schon aufgefallen, dass sie nie was sagt, wenn wir darüber reden?«

»Glaubst du, es ist wegen ihrer Mutter?«, frage ich.

»Ich glaube, Ashley und ihre Mutter sind aus dem gleichen Holz geschnitzt.«

»Ich werde sie sofort fragen«, sage ich.

»Nein, mach das nicht.«

Ich: Hey, ich hab mal eine Frage. Möchtest du den nächsten Podcast machen?

Keine Antwort.

Ich: Ashleeeeeeyyyyy? Bist du da?

Keine Antwort. Und dann …

Ashley: Die Kleiderordnung ist mir eigentlich egal. Klar, sie nervt, aber deswegen muss man ja nicht gleich durchdrehen, Molly.

Ich: Durchdrehen? Was soll das heißen?

119

Ashley: Nix. Und nein, danke. Kein Interesse.

»Wow. Sie hat wohl kein Interesse«, sage ich.
»Typisch Ashley.«

Ich: Alles gut, Ash. Bis gleich auf der Kirmes.

Beas Mutter fährt Bea, Navya und mich bis zum Eingang. Mein Herz schlägt so schnell, dass es mir fast unter meinem bauchfreien blauen Top zerspringt. Es ist einfach alles zu viel – die grellen Lichter, die laute Musik, der Geruch von Würstchen und die Gesichter praktisch aller Schülerinnen und Schüler aus unserer *und* der katholischen Schule zusammengemischt. Jahrelang habe ich darauf gewartet, dass wir endlich allein, ohne unsere Eltern, auf die Kirmes gehen können. Und jetzt will ich am liebsten gar nicht hier sein.

»Komm, lass uns die anderen suchen«, sagt Bea und greift nach meiner Hand. »Bäh, deine Hand ist ja ganz feucht.«

»Lass mich in Ruhe«, sage ich und wische mir die Hände an meiner Leggings ab.

Wir brauchen eine Weile, um uns einen Überblick zu verschaffen. Wir treffen Liza und ihre Cousine aus New York und die Lacrosse-Mannschaft und noch ein paar andere Leute. Ich sehe Pearl und Olivia und winke Megan Birch zu, die mit ihrem besten Freund von der katholischen Schule Riesenrad fährt.

»Wo ist Ashley?«, fragt Bea.

Wir sehen sie schließlich in der Schlange vor der Popcornbude mit ihrer Nachbarin Rachel.

»Ich dachte, Ashley hasst Rachel«, flüstert Navya.

»Ich auch«, sage ich.

Dass wir erst essen und uns danach richtig ins Fahrvergnügen stürzen, ist nicht besonders schlau von uns. Als es langsam dunkel wird, setzen Bea und ich uns auf eine Bank hinter den Dixi-Klos, um unseren Bäuchen eine Pause zu gönnen. Da sehe ich meinen Bruder, umringt von einer Gruppe von Schülern aus der Siebten.

»Was macht Danny denn hier?«, fragt Bea und verstummt.

»Oh.«

»Ja. Danny weiß, wo die Mittelschüler mit einer schönen Stange Kirmesgeld zu finden sind.«

Mir ist schlecht. Vom Essen, von der Achterbahn, Ashley, meinem Bruder.

Die ganze Zeit war ich traurig, dass dies die letzte Kirmes meines Lebens sein würde. Jetzt verstehe ich, warum aus der Highschool niemand mehr hierhergeht.

Beas süße weiße Shorts sind total dreckig.

Ich bin froh, dass ich die schwarzen Leggings angezogen habe.

Herr Blau und Frau Gelb

Es ist nach elf, als Danny in mein Zimmer kommt. Er schließt meine Tür ab, geht zum Wandschrank und holt sich den Schleim-Kasten raus. Er öffnet ein paar von den Knetdosen und füllt Pods mit Mangogeschmack in die eine und welche mit Creme-brulée-Geschmack in die andere Dose. Dann setzt er einen Pod in sein Gerät ein und inhaliert.

»Musst du das in meinem Zimmer machen?«, schnauze ich ihn an.

»Mann, tut mir leid.« Er wirft sich neben mich aufs Bett und nimmt mein Handy.

Ich reiße es ihm aus der Hand. »Lass die Finger von meinem Zeug, okay, Danny?«

»Glaubst du, ich wäre ein guter Pilot?« Er starrt mich an.

»Keine Ahnung. Willst du denn Pilot werden?«

»Ich denke darüber nach. Ich versuche herauszukriegen, wie man den Flugschein macht.«

»Du hast noch nicht mal einen Führerschein.«

»Ja, weil unsere Eltern scheiße sind.«

Er schüttelt mein Kissen auf und legt sich auf die Seite. »Ist nicht wahr. Du hast ja noch immer Candyland.« Er hängt sich übers Bett und greift nach dem ramponierten Karton mit dem Spiel unter meinem Nachttisch.

Wir haben mal viereinhalb Stunden am Stück Candyland gespielt.

»Wollen wir? Ein Spiel?«, fragt er.

»Ich wollte gerade ins Bett gehen, Danny.«

»Nur ein Spiel, Schwesterherz.«

»Okay.«

Wir spielen fünf Spiele. Dann sechs. Nachdem wir das siebte Mal die Bonbonberge überquert haben und durch den Schokoladensumpf gewandert sind, gewinne ich. Er will unbedingt weitermachen, aber ich falte das Spielbrett zusammen und lege unsere Spielfiguren, Herrn Blau und Frau Gelb, zurück in ihren Karton.

»Ich habe Hunger«, sage ich.

»Ich auch«, sagt Danny. »Jetzt brauche ich was Süßes.«

Ich fühle nichts

Um Punkt sieben am Morgen klingelt das Telefon. Ich höre Mom rufen: »Steve, komm mal schnell her.«

Ich setze mich unter das offene Fenster in meinem Zimmer, damit ich hören kann, was meine Eltern auf der Veranda sagen.

»Sie hat die Polizei gerufen, und das kann ich ihr nicht verübeln. Sie werden die Schule miteinbeziehen, weil er es auch im Bus verkauft hat. Oh, ich bekomme keine Luft.«

Ich renne nach unten. Mom hockt auf allen vieren am Boden und ringt nach Atem, während Dad ihr über den Rücken streicht.

»Dad, was ist los?«

Er schüttelt den Kopf. »Danny.«

Der schläft währenddessen tief und fest.

Eine Stunde später taucht die Polizei zusammen mit zwei sehr wütenden Elternpaaren auf. Dad zerrt Danny aus dem Bett, und sie alle versammeln sich im Arbeitszimmer. Ich hocke auf meinem Klo und höre zu. Eine Frau schreit Danny an, weil er ihrem zwölfjährigen Sohn Pods verkauft hat. Jeder davon enthält so viel Nikotin wie eine Packung Zigaretten, behauptet die Mutter. Klingt, als wäre sie gut informiert.

Es ist seltsam, aber ich fühle nichts.

Danny weigert sich, ihnen zu sagen, wo er das Zeug herhat. Er ist nicht alt genug, um es selbst zu kaufen. Er wird suspendiert werden, weil er es an die Kinder aus unserem Viertel weiterverkauft hat, und dann muss er vors Jugendgericht oder so was.

»Ist es das Geld, Danny?«, fragt Dad. »Geht es darum?«

Danny sagt keinen Ton.

Von meinem Platz auf dem Klo ist es fast so, als wäre Danny gar nicht da.

Ein Brief an meinen verstorbenen Opa
Danny Boy

Wenn Tote Briefe bekommen könnten – zum Beispiel durch einen leuchtenden Schacht auf dem Friedhof, der die Briefe mit solcher Kraft einsaugt, dass sie direkt in den Himmel, oder wo auch immer die Seelen sind, fliegen –, dann würde ich meinem verstorbenen Opa einen Brief schreiben. Hinten würde ich winzige Autofotos aus Dannys Autozeitschriften draufkleben, weil Mom immer erzählt, wie sehr Opa Autos geliebt hat. Und auf die Vorderseite würde ich das schreiben:

Lieber Opa Dan,
Mom sagt, dass du sehr viel Humor hattest, also findest du das bestimmt lustig: Elf Jahre lang habe ich nie mehr als ein paar Schluck auf einmal getrunken, denn mir wurde immer erzählt, dass du gestorben bist, weil du zu viel getrunken hast. Ich wollte nicht, dass mir das auch passiert. Erst in der sechsten Klasse habe ich kapiert, dass Alkohol dich umgebracht hat, weil er deine Leber zerstört hat. Komischerweise trinke ich immer noch nur in kleinen Schlucken. Es ist schwer, sich das wieder abzugewöhnen.
Dein Timing war nie besonders gut, wie du ja weißt. Du bist am Tag, als die Japaner Pearl Harbor angegriffen haben, geboren worden, zwei Wochen bevor dein Vater

in den Krieg zog (und nie zurückgekommen ist). Zwei
Wochen bevor Danny geboren wurde, bist du dann
gestorben. Das hat dazu geführt, dass Mom um die Geburt eines Babys herum immer ganz nervös wird, weil
sie Angst hat, es könnte etwas Schlimmes passieren.
Aber als ich geboren wurde, ist nichts passiert. Sehr
beruhigend.
Jedenfalls hat Mom Danny nach dir benannt. Vor und
nach seiner Geburt hat sie jeden Tag das Lied »Danny
Boy« gehört. Sie hat mal zu Oma gesagt, sie hätte
Angst, sie habe Danny in Traurigkeit ertränkt. Und
dass er deswegen so ein trauriges Kind war. Warst du
traurig? Ich weiß, alle fanden dich immer so lustig,
aber warst du vielleicht eigentlich die ganze Zeit
traurig? Hast du deswegen so viel getrunken?
Ich glaube, wenn du jetzt hier bei uns wärst, würdest du
dich gut mit Danny verstehen. Er liebt Autos, genau wie
du, und manchmal ist er auch lustig. Wenn du hier bei
uns wärst, könntest du vielleicht mal mit Mom reden und
ihr sagen, sie soll sich nicht die ganze Zeit solche Sorgen machen. Oma meint, wenn du Dannys Vater wärst,
würde es Backpfeifen setzen. Ich weiß nicht, ob das was
bringen würde, aber ich würde es zu gerne sehen.
Jedenfalls hoffe ich, dass du im Himmel im Glück
schwimmst. Und ich hoffe, du wartest auf Oma. Sie hat
Angst, dass du da oben eine Freundin hast.
Alles Liebe,
deine Enkeltochter Molly

Mein neuer Spitzname ist noch viel demütigender als der alte

Wir sind meistens spät dran, aber heute Morgen sind wir schön pünktlich – früh genug, um gemütlich Avocado-Toast zu essen und Dads leckeren entkoffeinierten Latte zu trinken. Mom setzt mich vor der Schule ab und sagt mir, dass sie mich liebt (wie jeden Morgen seit dem Lockdown). Nick steht neben dem Fliederbaum. Komisch, so einen herrlichen Duft in der Nase zu haben, während man Nick sieht.

»Netter Podcast, Flachland«, sagt er.

Das Nick-Groupie neben ihm aus der Siebten lacht und ruft »Flachland«.

Ich habe keine Ahnung, was sie damit meinen.

Ich gehe weiter, ziemlich unbeeindruckt, denn nach neun Jahren mit Nick habe ich gelernt, ihn einigermaßen auszublenden. Flachland klingt willkürlich und ist viel weniger beleidigend als der Spitzname, den ich im Winter in der vierten Klasse am Hals hatte. Ich war in der Pause Schlitten fahren, und Nick hatte gesehen, wie meine Nase lief, als ich wieder reinkam.

Rotznase.

Bis zum Mittagessen habe ich unzählige Male »Flachland, nuschel-nuschel, blöder Podcast« gehört. Ich glaube, *Nicht in Ordnung: ein Kleider-Podcast* zeigt langsam Wirkung.

Ich setze mich neben Navya und gegenüber von Bea an das Ende unseres Tisches. Bea isst gerade einen kalten Hamburger und einen Eisbecher, und Navya stibitzt Chips von

Tom, weil sie keine Lust hat, sich in die lange Schlange zu stellen.

»Ashley sitzt neben Rachel«, sagt Bea.

»Sie hat mir geschworen, dass sie nicht sauer auf uns ist«, sagt Navya. »Sie behauptet, dass sie zusammen mit Rachel ein Sozialkundeprojekt machen muss.«

»Gehen wir noch auf ihre Party?«

»Äh, ja«, sagt Navya.

»Nick nennt mich jetzt Flachland«, erzähle ich und wühle in meinem Rucksack nach meinem Apfelmus-Quetschie und meinem Joghurt-Energie-Riegel.

Navya hört auf zu knabbern und wirft Bea einen Blick zu.

»Das ist so gemein.«

»Warum ist es gemein?«, frage ich und beobachte, wie Navya und Bea sich gegenseitig anstarren. »Irgendwann finde ich es sowieso raus. Also sagt schon.«

»Okay, Molly«, sagt Navya. »Gestern haben wir in NaWi über die Geologie in den Gebieten westlich des Urals gesprochen, die früher ›Osteuropäisches Flachland‹ genannt wurden. Nick und seine Freunde haben die ganze Zeit ›Flachland‹ gerufen und fanden das unglaublich komisch.«

»Warum?«, fragt Tom.

»Ach, das ist die Mühe nicht wert, Tom«, sagt Bea.

»Oh«, sage ich. »Ich dachte, es hätte etwas mit dem Podcast zu tun.«

Warum tut einem sofort das Herz weh, wenn jemand etwas kommentiert, was man an sich selbst nicht mag? Woher weiß mein Herz das? Ich habe es ihm nie gesagt. Genauso, wie ich nie jemandem sagen werde, wie sehr mich das verletzt.

»Lass dich nicht ärgern. Das ist doch typisch Nick«, sagt Navya.

»Allerdings«, sage ich. »Und er ist völlig unwichtig.« Mein Herz sagt es meinem Hals. Mein Hals sagt es meinen Augen. Meine Augen sagen es meinen Tränendrüsen. Und die notorisch grausamen Tränendrüsen verraten mich.

»Molly, weinst du etwa? Oh mein Gott, Molly, bitte. Es tut mir so leid, dass ich überhaupt was gesagt habe.« Bea rückt näher an mich heran und legt ihren Arm um mich. Und jetzt machen wir mitten in der Schulmensa eine Szene, dort, wo aus einer Szene immer gleich ein ganzer Kinofilm wird.

»Hör auf, Bea«, sage ich leise. »Ich bin nur schlecht drauf, und im Moment fange ich wirklich wegen allem und jedem an zu weinen. Ich glaube, meine Hormone sind durcheinander.«

»Jaaa, meine auch«, sagt Navya.

»Meine Mom glaubt, dass zu viele Hormone in unseren Milchprodukten sind«, sagt Bea.

»Dann sollte ich vielleicht mal auf Käse verzichten.« Ich tupfe meine Nase mit einem zerknüllten Taschentuch aus meinem Rucksack ab.

Wenn ich eine Sache gelernt habe, als mich im Winter der vierten Klasse alle immer Rotznase genannt haben: *Hab immer Taschentücher dabei.*

Mein Herz redet hinter meinem Rücken mit Megan Birch

Mir graut es vor NaWi. Was ist, wenn das Flachland auch bei uns zur Sprache kommt? Ich setze mich neben Megan, nehme meinen Ordner raus und fange an, Seiten von vor zwei Monaten zu sortieren.

»Was ist los?« Megans Gesicht ist fünf Zentimeter von meinem entfernt.

»Nichts. Warum?«

»Ach, komm schon, Molly. Ich merke doch, dass du was auf dem Herzen hast.«

Ich weiß nicht, woran sie das merkt, scheinbar hat sie einen Draht zu meinem Herzen.

»Es ist albern. Zu Hause gibt's Probleme, und Ashley will wegen des Podcasts nichts mehr mit uns zu tun haben, und Nick macht sich über meinen nicht vorhandenen Busen lustig, und ich habe keine Ahnung, warum ich mich darüber so aufrege.«

»Oh«, sagt sie und klingt dabei ganz komisch. Ich weiß nicht, ob sie mich belächelt oder mit mir mitfühlt.

Mr Lu kommt mit einem Karton voller Flaschenzüge und Zahnräder rein. Mit einem lauten Knall lässt er den Karton fallen, und die halbe Klasse zuckt zusammen. Das sieht nicht so aus, als wäre das Flachland gleich dran, also entspann ich mich ein bisschen und versuche zu kapieren, was er da macht.

Megan fährt sich immer wieder mit der Zunge über die Lippen und sieht mich an. Sie schreibt etwas hinten in ihr Heft. Zum Glück gehöre ich nicht zu den sieben Schülern, die Mr Lu nach vorne ruft, damit sie vorführen, wie ein Flaschenzug funktioniert. Ich bin heute nicht in der Stimmung, mich vor die ganze Klasse zu stellen, und außerdem habe ich Hunger, weil ich vergessen habe, Mittag zu essen.

Megan reißt die letzte Seite aus ihrem Heft und schiebt sie mir rüber. Es ist eine Liste mit siebzig Wörtern. Siebzig schreckliche, grausame, verletzende, gemeine Wörter, die Nick benutzt hat, um sich über ihre spastische Lähmung lustig zu machen.

Ich werde sie nicht wiederholen.

Diese Macht gebe ich Nick nicht.

Mr Lu entgeht nichts. Er hält immer Ausschau nach Handys oder anderer verbotener Ware. »Molly und Megan, wollt ihr euren Zettel mit dem Rest der Klasse teilen?«

»Nicht so wirklich«, sage ich.

Er kommt trotzdem zu uns rüber und nimmt den Zettel in die Hand. Lehrer denken wirklich immer, dass es nur um sie geht. Er liest den Zettel. »Was ist das hier?«, fragt er verwirrt.

Megan lächelt trotzig. »Das sind alle Wörter, die andere benutzt haben, um mich zu beschreiben.«

Dieses Mädchen ist eine menschliche Rakete, die sich durch Trümmer zu den Sternen aufschwingt.

Mr Lu nickt, faltet den Zettel langsam zusammen und legt ihn zurück auf Megans Tisch. »Tut mir leid, Kind.«

Er hat ganz offensichtlich keine Ahnung, was er sagen oder tun soll. Er räuspert sich und nimmt den Flaschenzug wieder in die Hand. Megan und ich nutzen diese seltene Gelegenheit und tauschen fleißig Zettel aus. Mr Lu wird uns heute wohl nicht mehr stören.

Nach dem Unterricht gehen wir gemeinsam zu unseren Schließfächern.

»Möchtest du mal zu mir kommen?«, fragt Megan.

»Ja. Ja, sehr gerne.«

Sie lächelt, und ich lächle zurück.

Ich wette, Nick weiß überhaupt nicht, wie es sich anfühlt, eine echte Freundin zu finden.

Unordnung

Jessica, die Zwölftklässlerin, steigt an der Haltestelle der Highschool ein, begrüßt Mary Kate und beugt sich dann zu mir runter und flüstert mir ins Ohr: »Meine Freundin Jasmine möchte bei deinem Podcast mitmachen. Ich schreib dir.«

Unsere Seite @NichtInOrdnungeinKleiderpodcast auf Instagram hat inzwischen wieder 140 Follower mehr.

»Ich wurde heute gekleiderordnet«, sagt Mary Kate.

»Was? Wieso?« Sie trägt Jeans und ein T-Shirt.

»Bauch.« Sie steht auf, und ein Millimeter Haut ist zwischen ihrem Hosenbund und dem T-Shirt zu sehen.

»Das kann doch nicht wahr sein. Wer war's?«

»Die Fingerspitze.«

»Bist du okay?«

»Ja. Meine Freundin Lucy wurde zur Seite genommen, weil sie Löcher in der Hose hatte. Die Fingerspitze hat mich einfach mit verwarnt, weil ich danebenstand. Es nervt.«

Ich schüttele den Kopf. »Hey, kann ich ein Foto von deinem winzigen Stück Bauch machen?«

»Nur zu.«

Sie steht wieder auf, und ich brauche eine Weile, um das Foto richtig auszurichten. Dann poste ich es mit den Hashtags #NichtInOrdnung #wegensoeinbisschenHautgekleiderordnet.

Alle im Bus scrollen durch Instagram.

Innerhalb von zwei Minuten bekomme ich Hunderte Likes.

»Hey, Kröte, hast du was Süßes dabei?«, fragt Danny zwei Sitzreihen hinter uns.

»Sie heißt Mary Kate«, rufe ich.

»Und du Frosch.«

»Quak«, sage ich und strecke ihm die Zunge raus.

Als der Bus hält, renne ich zu unserem Haus, die Treppe rauf und reiße die Tür zu meinem Zimmer auf.

Ich bin nicht auf das vorbereitet, was ich darin vorfinde.

Zuerst sehe ich die weißen Kleider, die auf meinem Bett liegen. Mom muss sie sich angeschaut haben. Dann höre ich ein Geräusch aus dem Wandschrank.

»Mom?«

Die Knie bis zur Brust hochgezogen, sitzt sie an die Wand gelehnt, und ihre Augen sind so rot und verquollen, dass ich sie kaum wiedererkenne. Das Haar hängt ihr wirr ins Gesicht, und sie wiegt sich hin und her.

In der Hand hält sie die blaue Knetdose.

»Mom?«, sage ich wieder.

Sie kneift die Lippen zusammen und starrt mich an.

»Wie konntest du?«, fragt sie mich mit einer ganz piepsigen Stimme.

»Ich wollte nur … tut mir leid. Ich weiß nicht, warum …«

»Die ganze Zeit hatte ich nur Danny im Blick. Dabei hast du … Mein Baby. Du hast es auch gemacht.« Sie fängt an zu schluchzen.

»Warte mal«, sage ich. »Was? Du denkst, das gehört mir? Mom, das ist nicht meins.« Die Wörter rutschen mir raus, bevor ich sie zurückhalten kann, bevor mir klar wird, dass ich wie ein Teenager in einem schlechten Film klinge.

»Wie konntest du, Molly? Nach allem, was wir durchgemacht haben.«

Ich starre auf den lilafarbenen Schleimfleck auf meinem flauschigen Teppich und weiß absolut nicht, was ich sagen soll.

Rotz- und tränenverschmiert krabbelt sie auf Händen und Füßen aus dem Schrank und steht dann auf. Sie stolpert und sammelt die Pods ein, das Geld, die Dosen, den ganzen Müll, der die Sucht meines Bruders ausmacht.

»Mom?« Mehr fällt mir nicht ein.

»Wag es nicht, mit mir zu reden.«

Sie zerrt den alten Schleimkasten aus meinem Zimmer und stürmt den Flur hinunter. Ich höre einen lauten Krach und sehe ihr wütendes Gesicht, als das ganze Zeug die Treppe runterfliegt.

Ich lege mich in mein Bett und ziehe mir die Decke über den Kopf.

Sie ist viel zu wütend, um mir zuzuhören. Sie weiß, dass ich Danny nicht ausstehen kann. Warum sollte sie mir glauben, dass ich ihm erlaube, sein Zeug in meinem Zimmer aufzubewahren? Und selbst wenn sie mir glaubt, was wird dann mit Danny? Das könnte der Tropfen sein, der das Fass zum Überlaufen bringt, und dann muss er in so ein »Programm« für böse Kinder, das ich auf Moms Laptop gesehen habe.

Oder, noch schlimmer, dann entscheiden meine Eltern, dass wir diesmal wirklich umziehen.

Danny geht an meinem Zimmer vorbei und schließt leise seine Tür.

Konsequenzen

Bis zum Sommer habe ich Hausarrest.

Ich darf nicht mit auf den Campingausflug.

Mein Handy ist weg.

Und am Samstag darf ich nicht zu Ashleys Geburtstagsparty.

»Was ist mit meinem Podcast?«, habe ich gefragt.

»Okay«, haben sie gesagt.

Mom straft mich zusätzlich mit Schweigen. Dad ist in mein Zimmer gekommen, hat sich auf mein Bett gesetzt und hat durch einen Stapel von Artikeln über die gesundheitlichen Gefahren des Vapens geblättert.

»Schau dir das an, und dann reden wir«, hat er gesagt.

Ich weiß auch nicht, warum es mir so schwerfällt, für mich selbst einzutreten. Die Wörter stecken in mir fest, stecken in meinem Hals wie ein erstarrter Klumpen Wahrheit.

Alles, was mir jetzt bleibt, ist *Nicht in Ordnung: ein Kleider-Podcast*, massenweise Hausaufgaben, auf die ich mich nicht konzentrieren kann, und ein Bruder, der zulässt, dass ich alles verliere für etwas, was ich nicht getan habe.

Ich quäle ihn, indem ich wieder und wieder dasselbe Lied auf meiner Klarinette spiele.

Oh, Danny Boy, the pipes, the pipes are calling …

Am Morgen

Gegen sechs Uhr kommt Danny zu mir ins Zimmer und tippt mir so lange auf den Kopf, bis ich aufwache.

»Was ist, Danny?«

»Tut mir leid, dass das passiert ist. Danke, dass du den Kopf für mich hinhältst«, flüstert er.

»Ich halte nicht den Kopf für dich hin. Ich sorge dafür, dass unsere Familie nicht das Land verlässt. Mom und Dad denken nämlich darüber nach, weißt du?«

»Ich war ein schlechter Bruder, das hab ich kapiert. Ich will nur, dass du weißt, es tut mir leid. Ich wollte dich wirklich nicht mit reinziehen.«

Ich glaube, er meint das sogar ernst. »Okay. Kannst du dann jetzt damit aufhören? Das ist es nicht wert. Hör einfach auf.«

»Das werde ich. Vapen, verkaufen, damit ist jetzt Schluss. Ist mir sowieso nicht mehr wichtig.«

»Gut.«

»Du bist ganz schön cool, Kleine.«

Ich kann nicht fassen, dass er das gerade gesagt hat.

»Danke, Danny.« Ich drehe mich um und ziehe die Decke über meinen Kopf. In meinem Herzen hüpft ein Frosch (und eine Kröte).

*

Wenn sie mich vor der Schule absetzt, sagt Mom immer noch »Ich liebe dich«. Und wenn ich dann sage »Ich liebe dich auch«, fühlt sich mein Bauch an, als würde sich eine Schlange in einer Frühstücksdose winden.

Nicht in Ordnung: ein Kleider-Podcast
Episode fünf

Ich: Hallo, Fisher-Mittelschule und alle anderen da draußen. Hier ist Molly Frost, und ihr hört *Nicht in Ordnung – ein Kleider-Podcast*, Episode fünf. Heute spreche ich mit Lucy P. aus der siebten Klasse. Sie spielt Basketball und ist Schatzmeisterin im Schachclub. Lucy, magst du uns ein wenig von dir erzählen?

Lucy: Äh, also, abgesehen von Basketball und Schach bin ich außerdem noch in der Schülervertretung, also helfe ich auch bei der Abschiedsfeier an eurem letzten Schultag. Außerdem bin ich besessen von Fledermäusen.

Ich: Fledermäusen?

Lucy: [Sie lacht.] Ja, diese pelzigen Flattermäuse. Wusstest du, dass Fledermäuse innerhalb von einer Stunde tausend Mücken vertilgen? Mein Nachbar hat einen Fledermauskasten gebaut, nachdem ich ihm das erzählt habe.

Ich: Das ist ja total interessant. Also, meine Nachbarin Mary Kate, die heute auch dabei ist, hat mir erzählt, dass du verwarnt wurdest, weil du zerrissene Jeans getragen hast.

Lucy: Ja. Und so zerrissen waren sie gar nicht. Es sind genau die gleichen Jeans, die eine Freundin von mir gestern anhatte, und zu ihr hat niemand was gesagt.

Ich: Warum, glaubst du, ist das so?

Lucy: Weil die Lehrer sie lieben.

Ich: Das ist aber ungerecht.

Lucy: Ich weiß. Die Fingerspitze hat gesagt, ich würde aussehen, als wäre meine Hose in den Reißwolf geraten.

Ich: Wow. Wie originell. Wie hast du dich da gefühlt?

Lucy: Total wütend. Dann hat sie Mary Kate angestarrt, um irgendwas an ihr zu finden, womit sie gegen die Kleiderordnung verstößt. Schließlich hat sie einen Hauch Haut entdeckt und hat sie angebrüllt.

Mary Kate: Das Beweisfoto findet ihr auf Instagram, da könnt ihr euch selbst ein Bild davon machen, ob ich unangemessen gekleidet war.

Ich: Liebe Zuhörerinnen, ihr könnt eure eigenen Fotos unter dem Hashtag #NichtInOrdnung auf Instagram posten. Also, Lucy, wenn du den Lehrern auf der Fisher-Mittelschule etwas sagen könntest, was wäre das?

Lucy: Hm. Lasst uns in Ruhe.

Ich: Das bringt es auf den Punkt.

*

»Das war ganz schön kurz«, sagt Mary Kate.

»Es war perfekt«, sage ich und prüfe, ob das Aufnahmegerät auch wirklich aufgenommen hat. »Hey, bleibst du noch ein bisschen? Abgesehen von der Schule bist du gerade mein einziger menschlicher Kontakt.«

»Ich kann nicht glauben, dass du dir das von Danny gefallen lässt.«

»Ich will nicht von hier wegziehen.«

»Du kannst doch hierbleiben und zu mir ziehen.«

»Danke, aber ohne Fernseher wird das nix.«

Mary Kate und ich checken Instagram.

Schülerinnen aus anderen Städten laden jetzt auch Bilder hoch.

#NichtInOrdnung – gekleiderordnet wegen zu viel Oberschenkel.

#NichtInOrdnung – gekleiderordnet, weil ich Schultern habe.

#NichtInOrdnung – gekleiderordnet, weil ich Brüste habe.

Das Ganze geht weit über unsere Schule hinaus.

Jetzt verstehe ich, warum Amerikaner Milliarden für Medikamente gegen Schlaflosigkeit ausgeben

Drei Tage hintereinander renne ich jetzt schon beim Lacrosse-Training, so viel ich kann, damit ich müde werde und nach Hause gehen, meine Hausaufgaben machen, essen und schlafen kann. Aber an allen drei Abenden schlafe ich vor dem Abendessen in meinen verschwitzten Sportsachen ein, wache dann auf und liege bis zwei Uhr morgens wach.

In der ersten Nacht starre ich aus dem Fenster auf die flackernde Straßenlaterne und frage mich, wie ich den Sommer überleben soll.

In der zweiten Nacht räume ich meine Schubladen auf und erstelle eine Fotowand mit allen Aufnahmen, die ich dieses Jahr von meinen Freundinnen gemacht habe. Ich lasse Thibodeaux im Mondlicht Modell für ein weiteres Foto stehen, obwohl sein Gesichtsausdruck eindeutig sagt: *Warum stehe ich hier mit Sonnenbrille unter einer Lampe um Mitternacht? Kein Leckerli ist diesen Unsinn wert.*

In der dritten Nacht versuche ich, an meinem Projekt für Geschichte zu arbeiten, merke aber, dass es unmöglich ist, mitten in der Nacht Hausaufgaben zu machen, egal, wie wach ich mich auch fühle.

Ich lege meinen Ordner in die Nachttischschublade und

versuche mich zum Einschlafen zu zwingen, als Danny die Tür öffnet und hereinschleicht.

»Was machst du hier?«, sage ich und tue ganz verschlafen, als hätte er mich geweckt.

»Nichts. Schlaf weiter.«

Auf allen vieren krabbelt er in meinen Wandschrank und fängt an zu fluchen.

Er sucht nach den Pods.

Im Licht der flackernden Straßenlaterne muss ich zusehen, wie mein Bruder mit einem Pod in der Hand aus dem Schrank kriecht, mit einer Nagelfeile reinsticht und anfängt, daran zu saugen. Das ist aus ihm geworden, jetzt, wo Mom all seine Geräte hat.

In der Schule haben wir gelernt, was Menschen für schreckliche Dinge tun, wenn ihr Körper süchtig nach etwas ist. An einem Pod saugen gehörte nicht dazu.

»Raus hier, oder ich schreie nach Mom und Dad.«

Er kriecht davon.

Shoppen mit Bauchweh

Es ist Samstag, der Tag von Ashleys Party. Ich stelle mir die Zimmer meiner Freundinnen vor, übersät mit Bikinis und Nagellackflaschen, während ich auf dem Fußboden sitze und mir grüne Herzen auf mein Bein male.

Danny dreht völlig durch. All seine Pods und sein Geld sind weg, und er braucht Nikotin, um zu funktionieren. Er ist unten und brüllt Dad an, während ich bis zum Lacrosse-Spiel in meinem Zimmer festsitze, wo ich dann alles über die Party hören und schließlich vor Wut explodieren werde.

Mom kommt rein und steht vor mir. Ihr Gesicht ist schmal und verkniffen. Oma hat früher immer gesagt: »Hör auf zu schielen, sonst bleiben deine Augen irgendwann so stehen.« Aber sie hätte ihrer Tochter besser mal das sagen sollen: »Guck nicht so verkniffen, wenn du meinst, dass deine Kinder vapen, sonst bleibt dein Gesicht irgendwann so stehen.«

»Ich habe die Kleider für dich zurückgeschickt.«

»Echt? Dabei hasst du es doch, zur Post zu gehen.«

»Zurzeit gefällt es mir bei der Post besser als zu Hause.«

Echt nett, Mom.

»Was stimmte denn eigentlich nicht?«

»Mit den Kleidern?«

»Ja, Molly, mit den Kleidern.«

Sie hasst mich.

»Sie waren alle zu groß.«

»Dann fahren wir gleich los und kaufen ein Kleid, dann kann ich das wenigstens abhaken«, sagt sie.

»Ich habe ein Spiel.«

»Erst um vier. Mach dich fertig.«

»Kann ich Ashley trotzdem ein Geschenk kaufen, obwohl ich nicht zur Party gehe?«

»Warum nicht.«

Wenn Mom sauer auf mich ist, kriege ich Bauchweh. Wie Herzschmerz, nur tiefer.

*

Mom fährt an den üblichen Läden vorbei, immer weiter, ins Stadtzentrum von Hartford. Dann biegt sie auf den Parkplatz vor der edlen Boutique ein, aus der ich mein Blumenmädchenkleid für die Hochzeit von Tante Maggie bekommen habe. »Wir müssen hier nicht hin«, sage ich.

»Ich will es einfach hinter mich bringen.« Sie knallt die Autotür zu. »Ich habe es satt, dass uns die Schule ständig Extrakosten aufbürdet.«

Eine nette ältere Verkäuferin zeigt uns die Zwischengrößen. »Deswegen nennt man euch Tweens«, sagt sie und tätschelt meinen Arm.

Mom und ich gehen nicht darauf ein. Es bringt nichts, ihr zu sagen, dass ich schon vierzehn bin.

Mom sitzt auf einer puscheligen Bank vor der Umkleidekabine, während ich ein Kleid nach dem anderen anprobiere.

Manche sind Mülltüten, manche so lala, manche sehen aus wie Taufkleider.

»Du solltest dich nicht anmalen«, sagt die Verkäuferin und zeigt auf die grünen Herzen, die über meine Haut verstreut sind.

»Ja, das sagt meine Oma auch immer.«

»Hier, probier das mal an.«

Sobald ich das Kleid über meinen Kopf ziehe, weiß ich es. Es ist trägerlos, aber schmeichelhaft, hat genau die richtige Länge und ist mit Spitze umrandet. Es ist das Schönste, was ich je in meinem Leben anhatte.

»Es ist wunderschön, Schatz«, sagt Mom, und ich merke, dass sie einen Augenblick lang vergessen hat, wie sauer sie ist.

»Danke, Mom.«

»Wie viel kostet es?«

»Zweihundertzwanzig, runtergesetzt von Vierhundertfünfundzwanzig«, sagt die Verkäuferin. Mit ihren kalten Fingern an meinem Rücken späht sie auf das Preisschild. »Schlussverkauf, deswegen kann man es auch nicht mehr umtauschen.«

Mom macht ein langes Gesicht.

»Alles gut, Mom. Wir finden ein anderes, das mir steht.«

Das werden wir nicht tun, weil mein neunjähriger Körper nur in ein Kleid für Neunjährige passt.

Mom bricht in Tränen aus, und die Verkäuferin reicht ihr ein Taschentuch.

»Keine Sorge«, sagt die Dame. »Wir finden eins, das Ihr Budget nicht sprengt.«

»Wir nehmen es.« Mom putzt sich die Nase und sucht in ihrer Handtasche nach ihrem Portemonnaie.

»Nein. Mom.« Ich fühle mich schrecklich.

»Sie können es für zweihundert haben.« Die Dame hängt das Kleid auf einen Satinbügel und zieht einen Kleidersack darüber.

»Ich möchte, dass du wieder zur Therapie gehst«, sagt Mom, als wir im Auto sitzen.

»Okay.«

Meine Bauchschmerzen werden so schlimm, dass ich Mom bitte, meine Trainerin anzurufen. Ich kann nicht zum Spiel gehen. Ich kann meine Mutter nicht nach Geld für Ashleys Geburtstagsgeschenk fragen. Ich kann ihr noch nicht mal ins Gesicht sehen. Ich lege mich ins Bett und schlafe, weitab vom Geplansche und Getanze und der Pizza auf der Party.

Um zwei Uhr nachts wache ich auf.

Wieder.

Ein Vogel ohne Kopf ist der Höhepunkt meines Tages

Mom bittet mich, mit Tibby spazieren zu gehen, was ich sonntagmorgens eigentlich hasse, weil man alle Nachbarn in ihren Gärten trifft und sie sich dann mit einem unterhalten wollen. Aber heute nehme ich ohne zu murren die Leine, und wir ziehen los. Ich bin froh, mal rauszukommen.

Ich laufe durch den Wald bis zur Schule und gehe auf dem Rückweg quer durch Wills Garten. Tibby bleibt stehen, um an einem kopflosen Vogel zu schnüffeln, der neben dem Picknicktisch liegt. Ich möchte gar nicht wissen, was für eine Kreatur den Kopf eines Vogels frisst und dann einfach weitergeht.

»Was machst du da?«, ruft Will durch das Fenster seines Zimmers.

»Ich gehe mit Thibodeaux spazieren. Komm doch runter.«

Er taucht fünf Minuten später in einem Schlafanzug auf, der zehn Zentimeter zu kurz ist.

»Netter Fußballschlafanzug«, sage ich.

»Danke.« Er beißt von einer Banane ab. »Oh Mann. Was ist das denn?«

»Ein Vogel ohne Kopf. Tibby wollte zu ihm.«

»Das ist ja schrecklich.«

»Ich weiß.«

Wir starren den Vogel an und versuchen uns zusammenzureimen, was passiert sein könnte. Ein teuflisches Ritual. Ein Habicht. Eine Ratte. Ein Präriewolf. Ein Bär. Ein gruseliger Typ. Eine seltene Krankheit, die nur Vogelköpfe angreift. Ist in einen Baum reingeflogen, hat seinen Kopf verloren und ist noch eine Weile weitergeflogen.

Irgendwann wird es langweilig, und ich frage Will nach Ashleys Party. Er ist nicht hingegangen, aber Clay und Rahul haben alles online mitbekommen.

»Also, mal sehen. Sie haben wohl getanzt. Sie haben sich eine Wackelpuddingschlacht geliefert. Bea hat geweint, weil jemand ihr Handy in den Pool geworfen hat. Das Essen sah ziemlich gut aus. Und ein paar Leute haben im Gartenschuppen gevapt.«

»Das war's?«

»Keine Ahnung. Was könnte sonst noch passiert sein?«

Da ist was dran.

»Warum hast du Hausarrest? Soweit ich mich erinnern kann, ist das noch nie passiert.«

»Das willst du gar nicht wissen.«

»So schlimm?«

»Schlimmer. Ich habe gar nichts gemacht.«

Er starrt mich an und schubst Tibby weg, der die nervige Angewohnheit hat, allen die Füße zu lecken. »Du deckst Danny.«

»Jup. Ich will nicht umziehen.«

»Deine Eltern ziehen nie im Leben um.«

»Das kannst du nicht wissen.«

»Molly, dein Vater wird nicht seinen Job aufgeben und in ein anderes Land ziehen, weil Danny vapt. Glaub mir. Mein Dad hat recherchiert, ob es eine Stadt in Amerika gibt, die Videospiele verbietet. Manchmal sind Eltern eben einfach gestresst.«

Ich bücke mich und sehe mir den Vogel genau an. Es ist ein weiblicher Kardinal, Dad hat uns früher viel über Vögel beigebracht.

»Hey, glaubst du, du deckst ihn, weil er dann vielleicht, ganz vielleicht mal nett zu dir ist?«

»Er ist schon viel netter zu mir geworden. Also, er haut mich nicht mehr oder sagt, dass ich hässlich bin.«

»Molly, er wird nie der Bruder sein, den du dir eigentlich wünschst. Du musst dir echt nicht dein Leben für etwas versauen, was du eh nie bekommen wirst.«

»Du klingst so erwachsen.«

»Das ist so offensichtlich, das würde ein Fünfjähriger kapieren. Er nennt dich Frosch.«

»Nur wenn ich mit Mary Kate zusammen bin.«

»Ach. Na dann, Molly.«

Ich reiße Tibby von dem Vogel weg. »Wir sollten dafür sorgen, dass sie eine anständige Beerdigung hat.«

Wir binden Tibby am Verandageländer fest und graben unter einem Baum im Wald, zwischen Wills Haus und meinem, ein Loch. Mit einer Hacke schiebt Will das Vogelweibchen vorsichtig auf die Schaufel und legt es hinein. Wir decken es mit Erde und Blättern und noch mehr Erde zu und legen einen Haufen Steine drauf, falls Tibby vorhat, sich später loszureißen, um den Vogel wieder auszugraben.

»Ruhe in Frieden, kopfloser Vogel«, sagt Will.

»Was wohl der beste Tag ihres Lebens war? Vielleicht ein sonniger Tag, als die Blumen blühten und sie auf der Suche nach fetten Würmern durch die Gegend geflogen ist? Oder vielleicht hat sie Babys bekommen, und der Tag, an dem sie geschlüpft sind, war der schönste für sie.«

»Die sind vielleicht gar nicht an einem einzigen Tag geschlüpft.«

»Egal, Will.«

»Na, jedenfalls kennen wir den schlimmsten Tag ihres Lebens, das ist mal sicher.«

Tibby winselt, weil er nach Hause will, also gehen wir. Als ich reinkomme, brüllt Dad gerade Danny an, während Mom auf dem Boden im Vorraum sitzt.

»Komm, Thibodeaux«, sage ich. »Wir machen Frühstück.«

Der beste Tag meines Lebens (bisher)

Als ich acht Jahre alt war und Danny elf, hat Oma uns, Tante Maggie und unseren kleinen Cousins eine Reise ins Atlantis Resort auf den Bahamas spendiert. Mom hat uns mit Prospekten überrascht, in denen überall Bilder von Leuten waren, die durch Wasserrutschen flogen und am Strand spielten. »Wollt ihr da hin?«, hat sie gefragt. »Ja!«, haben wir gerufen. »Jetzt?«, hat sie gefragt.

Wir sind fast in Ohnmacht gefallen.

Denn Dad kam tatsächlich mit unseren Koffern und Reisepässen ins Zimmer.

Unsere Cousins waren noch klein und haben am Strand oder im Planschbecken gespielt, während Danny und ich das ganze Ferienresort allein entdeckten. Wir haben uns die Stachelrochen und die riesigen Meeresschildkröten angeguckt. Im Wasserpark sind wir Hand in Hand den Lazy River runtergetrieben, weil Dad gesagt hatte, wir sollen zusammenbleiben. Wir haben im Kinderclub Karaoke gesungen und einen Kochkurs gemacht, sind bis Mitternacht aufgeblieben und haben mit anderen Kindern Filme geschaut.

Am Tag bevor wir zurückgeflogen sind, hat es so stark geregnet, dass wir dachten, ein Wirbelsturm würde uns wegwehen. Da sind wir in das Untergeschoss des Hotels gegangen und haben das wahre Atlantis entdeckt: geheime Tunnel unter dem Meer, in denen wir umhergelaufen sind und zwischen den Fischen und Kunstgegenständen gespielt haben, bis Oma kam und uns zum Büfett geschleift hat.

»Du darfst nie jemandem verraten, dass wir Atlantis gefunden haben«, hat Danny gesagt.

»Versprochen.«

Wir haben uns abgeklatscht, und zum ersten Mal hatte ich das Gefühl, dass mein Bruder mich liebt.

Den ganzen Tag lang hat er nicht ein Mal gesagt, dass ich nerve, hat mich nicht gehauen, getreten oder mich festgehalten und mir ins Gesicht gespuckt. Er hat mich nicht bedroht oder mir gesagt, dass ich hässlich bin.

Der Tag, an dem wir das wahre Atlantis gefunden haben, war der beste Tag meines Lebens.

Und sollte eine riesige Kreatur auf mich herabschießen und meinen Kopf fressen, wird dieser Tag bis in alle Ewigkeit Teil meiner (total erschrockenen) Seele sein.

Meine größte Angst

Dass die besten Tage meines Lebens schon hinter mir liegen.

Was könnte schlimmer sein als Magen-Darm?

»Danny? Lass mich rein«, ruft Mom vom Flur aus.

Mein Wecker zeigt 0:44 Uhr an.

»Danny. Du musst mich reinlassen.«

Quietschend geht die Tür auf. »Ach, Schätzchen. Ich will dir doch nur helfen.«

Alle fünf Minuten gibt Danny ein grässliches Geräusch von sich, während sein Körper versucht, sich zu übergeben, obwohl sein Magen leer ist. Ich stecke meinen Kopf durch die Tür und sehe, wie Mom Danny über den Rücken streicht, während er über seinem *Teenage Mutant Ninja Turtles*-Papierkorb hängt.

Dad fährt in die Apotheke und bringt Ginger Ale und Salzstangen mit.

Ich stecke mir die Finger in die Ohren und versuche, so zu schlafen, frage mich dann aber, ob es in der Geschichte der Menschheit je irgendjemand geschafft hat, mit den Fingern in den Ohren zu schlafen.

»Er ist eingeschlafen, der Arme«, sagt Mom zu Dad. Ich begreife plötzlich, dass es Mom wahrscheinlich gefällt, wenn Danny krank ist. Dann kann sie seinen Rücken streicheln und sich um ihn kümmern und sich gebraucht fühlen.

Dad trampelt die Treppe runter (er ist immer so laut, sogar in Socken), und ich höre, wie Mom Dannys quietschende Tür fast ganz schließt.

»Mom, kannst du mal herkommen?«, frage ich.

»Oh nein. Hast du auch Magen-Darm, Schätzchen?«

»Das ist nicht Magen-Darm, Mom.«

»Was?«

»Er hat nicht Magen-Darm. Er ist auf Entzug. Er braucht Nikotin.« Ich klinge ganz sachlich, so als würde ich ihr sagen, dass er Klopapier oder ein neues Heft braucht.

Sie schwankt ein wenig, kommt dann zu mir ans Bett, lüpft die Bettdecke und kriecht zu mir rein. Sie sieht mich an, nimmt mich unbeholfen in die Arme und drückt ihre Stirn an meine, wie früher, als ich klein war.

»Was habe ich falsch gemacht, Molly?« Ihr Atem riecht nach Salzstangen.

Ich rücke ein Stück von ihr weg. »Mom, ich muss dir was sagen.«

Sie hört ruhig zu, während ich ihr von dem Schleimkasten und den Knetdosen erzähle und wie viel netter Danny seitdem zu mir war und dass ich nicht wollte, dass das aufhört. Ich denke daran, wie wir Candy Land gespielt haben und er an meinem Bett gesessen und mir Fragen gestellt hat. Und all das erzähle ich Mom auch, denn die Lügen und Geheimnisse kleben wie Glassplitter an meiner Seele.

Ich brauche meine Mom zurück.

Sie entschuldigt sich, so oft, dass es nervt und ich sie bitte, damit aufzuhören.

»Warum hast du mir das nicht einfach gesagt?«, fragt sie.

»Ich habe Angst, dass du dann wirklich umziehen willst. Ich habe gehört, wie du darüber geredet hast.«

»Ach, Liebling. So was sage ich, wenn ich in Panik bin. Manchmal brauche ich einfach das Gefühl, dass es einen Ausweg gibt.«

»Danny braucht Hilfe, Mom. Aber mir meine Freundinnen und mein Leben wegzunehmen, wäre einfach nicht fair.«

»Ich weiß, Molly.«

Ich verspreche ihr, Danny nicht mehr zu decken. Keine Geheimnisse mehr. Sie verspricht mir, dass sie eine Lösung finden wird und wir nicht umziehen werden. Sie sagt, dass sie stolz auf mich ist, wegen des Podcasts und weil ich ein tolles Mädchen bin. Ich schlafe in ihren Armen ein, was viel einfacher ist als mit den Fingern in den Ohren.

Am nächsten Morgen streicht sie mir das Haar aus dem Gesicht und küsst mich auf die Stirn. »Dann werde ich nachher wohl deine Therapie absagen.«

»Nein. Ich will da trotzdem noch mal hin, aber lass uns bis zu den Sommerferien warten.«

Konsequenzen

Ich habe keinen Hausarrest mehr.

Ich darf mit auf den Campingausflug.

Mein Handy ist wieder da.

Ich kann Ashley zu einer Doppel-Übernachtung einladen, weil ich ihre Party verpasst habe (und hoffentlich dafür sorgen, dass es zwischen uns wieder besser wird).

Danny reißt meine Tür auf und nennt mich eine eklige, hässliche Petze. Tibby sitzt auf meinem Bett, wedelt mit dem Schwanz und freut sich darüber, dass Danny uns beachtet.

Ich habe meinem Bruder geholfen, weil ich wollte, dass er mich mag. Aber das tut er nicht, denn sonst hätte er etwas gemacht, als ich Ärger bekommen habe. Er hat kein Wort gesagt. Er hat mich benutzt.

Ich werde nie meinen Wunschbrunnen-Bruder haben.

Es wird Zeit, dass ich mit dem Wünschen aufhöre.

Die Hüter des Gartens

Bei uns ist der Memorial Day eine große Sache. Ich weiß nicht, ob das immer schon so war. Aber es ist so, seit vier Menschen aus unserem Ort im ersten Golfkrieg gestorben sind. Für eine Stadt wie unsere sind das eine Menge Leute. Danny liegt noch im Bett. Mom und Dad unterhalten sich im Auto, damit wir sie nicht hören können. Tibby leckt sich die Pfote, was er immer macht, wenn er gestresst ist. Und ich stehe am Fenster in meiner kratzigen Blaskapellenuniform und warte auf Bea, die mich abholt. (Das Blatt in meiner Klarinette ist kaputt, deswegen werde ich nur so tun, als ob ich spiele.)

Beas Handy ist aus, deswegen muss ich ihrem Vater schreiben.

Ich: Hi, hier ist Molly. Wann soll ich fertig sein?
Beas Vater: 10 Uhr ist tippitoppi.
Ich: Danke.
Beas Vater: Cool, Mann!

Zu jeder Parade, bei der ich je mitgemacht habe, gehörte immer auch unbequeme Kleidung: die Uniform der Biber-Pfadfinderinnen, die Uniform des Orchesters und jetzt die Uniform der Fisher-Mittelschule-Blaskapelle, die eng und klebrig ist.

Es ist so heiß. Und es wird noch heißer werden.

Beas Dad sieht echt gut aus (für einen Vater), aber er ist total seltsam.

»Und schon haben wir alle zusammen«, sagt er und winkt Mom und Dad zu, die gerade aus unserem Auto steigen. »Waren sie Bagels holen? Ab und zu treffe ich deinen Vater im Bagel-Laden.«

»Ja«, sage ich, weil das viel einfacher ist als: *Nein, sie haben sich ins Auto eingeschlossen und verschwören sich gegen einen siebzehnjährigen Nikotin-Junkie.*

Auf dem Rücksitz putzt Bea ihre Flöte. Den schwarzen Schmodder, der da rauskommt, wischt sie an mir ab. Ich bin viel zu müde, um mich darüber aufzuregen.

Beas Dad nimmt eine Abkürzung, um dem Stau wegen der Parade auszuweichen, was letztendlich aber länger dauert. An einer Ecke springen wir raus und gehen auf die Gruppe unglücklicher Mittelschülerinnen zu, die alle eindeutig das Gleiche denken: *Warum habe ich mich bloß von meinen Eltern dazu überreden lassen, ein Musikinstrument zu spielen? Nur weil es sich nachher auf meiner Bewerbung fürs College gut macht?*

Olivia und Pearl winken uns zu sich ran, und dann drängeln wir uns zusammen unter einen dürren Baum, um nicht in der prallen Sonne zu stehen. Mrs Winslow klatscht in die Hände, und es gelingt ihr, uns in Formation zu bringen. Ich stehe neben Olivia, die auch wirklich auf ihrer Klarinette spielt.

Wir schlurfen zur Hauptstraße und reihen uns hinter die

freiwillige Feuerwehr ein. Ein paar von ihnen erkenne ich wieder. Sie haben einmal vier Streifenhörnchenbabys aus dem Gully gerettet, nachdem Mary Kate die 110 angerufen hatte.

Wir fangen an, unser Lied zu spielen, das wir auf dem Weg zur Fisher-Mittelschule insgesamt vier Mal aufführen müssen. *My country, 'tis of thee, sweet land of liberty, of thee I sing.* (Ich summe mit, während ich so tue, als würde ich meine Klarinette spielen.) Die Highschool-Band spielt »America the Beautiful«, was auch nicht viel besser ist. Ich glaube, nächstes Jahr höre ich mit Klarinette auf.

Zu beiden Seiten der Hauptstraße sitzen die Leute auf Gartenstühlen. Aus dem Augenwinkel sehe ich, wie eine Frau sich eine Flasche Wasser über den Kopf kippt. Die Frau neben ihr versucht, sich mit einer kleinen amerikanischen Flagge Luft zuzufächeln. Ich konzentriere mich darauf, einen Fuß vor den anderen zu setzen, und sage mir, dass der Weg nur zwölf Minuten dauert. Soldaten müssen sich Hunderte, vielleicht sogar Tausende Kilometer so fortbewegen.

Auf der Grasfläche neben dem FMS-Garten machen wir halt. Der stellvertretende Schulinspektor sitzt auf der Bühne und liest etwas. Bestimmt nicht unsere Petition. Ich wünschte mir, ich würde mich trauen, da hochzugehen und ihn zu fragen, warum er noch nicht reagiert hat. Dr. Couchman ist auch da mit seinem roten Gesicht und seinem bescheuerten Grinsen. Er versucht, den Parlamentsabgeordneten in ein Gespräch zu verwickeln, aber der beachtet ihn nicht.

Der Stadtratsvorsitzende geht aufs Podium, und Bea und

ich suchen uns schnell einen Platz unter einem Zelt, in dem zwei Veteranen aus dem Koreakrieg Papierblumen für einen Dollar verkaufen.

»Ich würde ja eine kaufen«, sage ich ihnen, »aber meine Uniform hat keine Taschen, deswegen habe ich keinen Dollar.« Sie geben mir trotzdem eine, und ich wickle den Draht um meinen Finger.

Der Parlamentsabgeordnete redet ewig. Der Polizeichef redet ewig. Dann geht eine Frau aufs Podium. Sie ist winzig, und jemand flitzt schnell auf die Bühne, um das Mikrofon für sie umzustellen. Mit einem Fliederzweig in der Hand steht sie da.

Auf dem ganzen Platz wird es totenstill.

Sie hält sich den Fliederzweig an die Nase und sagt:»Damals, als diese Schule gebaut wurde, kamen die Bauplaner zu mir und fragten mich: ›Lydia, wie wollen wir Violeta gedenken?‹ Violeta war mein Kind, mein kleines Mädchen. Sie war Pfadfinderin, Sportlerin, Schülerin, Soldatin und eine Heldin. Sie hat versucht, einen kleinen Jungen aus einem Gebäude, das explodiert ist, zu retten.

Wie will ich Violeta gedenken? Mit Taten. ›Taten, nicht Worte, Mom‹, hat Vi immer gesagt. Die Mütter von Aaron und Jamie und Justin und ich haben immer auf diesem Platz gesessen und an unsere Kinder gedacht. Manchmal haben wir uns gegenseitig Blumen mitgebracht, denn Blumen sind den Müttern der Toten tatsächlich ein Trost.

›Blumen‹, haben wir alle gesagt. ›Das ist es, was diese neue Schule braucht.‹ Und auf Händen und Knien haben wir gegraben und gepflanzt und gewässert, bis unser Garten gewachsen ist.«

Sie hält den Fliederzweig an ihre Stirn und schließt die Augen. »Ich stelle mir vor, dass Violeta und die Jungs hier bei uns sind. Vielleicht sind sie es, die die Bienen und Schmetterlinge zu den Blüten locken. Vielleicht sind sie die wahren Hüter dieses Gartens, und wir sind einfach ihre närrischen Mamas, die hierherkommen, um zu reden und Unkraut zu jäten und ab und zu ein bisschen zu düngen.«

Sie winkt die anderen Mütter zu sich auf das Podium, und die Mütter von Aaron und Jamie und Justin bekommen jede einen Fliederzweig. Sie umarmen sich, und alle schluchzen. Wirklich alle, sogar der Parlamentsabgeordnete und der Polizeichef.

Ms Milholland, die frühere Schulleiterin der FMS, steht auf und klatscht. Um sie herum erheben sich alle und klatschen auch.

»Taten, liebe Zuhörer«, sagt Violetas Mutter. »So gedenken wir unserer Kinder. Steht auf, erhebt eure Stimmen und tut Gutes.«

Ein kalter Schauer überläuft mich.

Ich glaube, ich habe endlich verstanden, um was es beim Memorial Day geht.

Fast normal

Als ich nach Hause komme, sitzt Mom auf der Veranda. Sie reicht mir ein großes Glas Eistee. Ich reiße mir die Uniformjacke runter und setze mich in meinem Tanktop auf die Stufen.

»Molly, ich will, dass du weißt, wie leid mir das alles tut.«

»Ich weiß, Mom. Du musst dich nicht mehr entschuldigen. Es tut mir leid, dass ich Dannys Zeug versteckt habe.«

»Ich habe mit Ashleys Mutter gesprochen. Sie war sehr verständnisvoll. Sie würde sich freuen, wenn du dieses Wochenende bei ihnen übernachtest.«

»Warum hast du ihr von Danny erzählt?«

»Ich habe Geheimnisse satt.«

Mom schenkt den Menschen zu viel Vertrauen. Sie kapiert nicht, wie voreingenommen Ashleys Mutter ist und dass sie mich nur zu sich einlädt, damit ihre Tochter bloß nicht bei dem irren Danny Frost zu Hause ist und es dann Gerede gibt.

»Ich will nur, dass alles wieder normal ist.«

Sie lächelt. »Wir wär's, wenn wir fast normal anpeilen?«

Dann nehmen wir alles aus dem Kühlschrank, was da ist, und stapeln es auf den Küchentisch: halb aufgetaute Blaubeeren, Schokokeks-Teig, Möhren, Eier und gefrorene Pommes. Wir schreiben Wills Eltern, und kurz darauf stellen Dad und Wills Dad die Picknicktische in unserem Garten nebeneinander. Wir breiten unsere karierten Tischdecken darüber aus und schlemmen: gefüllte Eier, Möhren mit Ranch-Dressing, warmen Kuchen mit kalten Blaubeeren, Pommes und eine halbe Lasagne (aus Wills Kühlschrank). Dad macht ein Feuer in der Feuerstelle, und die Erwachsenen sitzen rum und unterhalten sich, während Will und ich im stickigen Baumhaus auf unseren üblichen Plätzen liegen. Wir versuchen uns vorzustellen, wie es wohl in der neunten Klasse sein wird.

»Genauso wie jetzt«, prophezeit Will.

»Fast genauso wie jetzt, aber besser.«

»Ich mag Pearl.«

»Äh – was?«

»Tut mir leid, ich glaube, ich bin in sie verliebt.«

An seiner zitternden Oberlippe kann ich erkennen, dass er es ernst meint. »Wow. Okay. Mal sehen, ob ich was tun kann.«

»Danke.«

Mom ruft zu uns nach oben: »Molly, bringt ihr Danny bitte was zu essen hoch? Er hat den ganzen Tag noch nichts gegessen.«

Will und ich füllen einen Teller mit Blaubeeren und Kuchen und zwei Schokokeksen. (Danny verabscheut das meiste, was nicht Nachtisch ist.) Wir gehen an Wills Dad vorbei, der hinterm Schuppen eine Zigarette raucht, und rennen zu Danny hoch.

Er ist nicht da.

Wie wir versuchen, meinen Bruder zu finden

- Wir suchen das ganze Haus ab.
- Wir rufen seine Freunde an.
- Wir suchen die Nachbarschaft ab.
- Wir rufen seine Bekannten an.
- Wir teilen uns auf und fahren durch die Gegend.
- Wir lassen Wills Drohne über den gesamten Bezirk fliegen. (Dieser Plan scheitert, weil sie nicht aufgeladen ist und erst morgen wieder einsatzbereit sein wird.)

Wie Prinz Willibald und Prinzessin Mollyblüte schließlich Kekse im Mondlicht essen

Ich fahre bei Dad mit. Er sagt nicht viel, während seine Augen die Straßen absuchen. Am Abend des Memorial Day sind nie viele Leute unterwegs – vor ein paar Häusern stehen viele Autos, ansonsten ist es still. Die Fernseher laufen, Menschen gehen durch ihre Küchen, bereiten sich auf die Schule und die Arbeit morgen vor. Ein Mann mit nacktem Oberkörper gießt seinen Rasen, und die Sonne geht am gebatikten Himmel unter.

»Können wir Eis holen?«, frage ich. Ich bin nicht besonders besorgt wegen Danny. Er versucht bestimmt, irgendwo Pods aufzutreiben.

»Jetzt nicht, Molly. Lass uns das machen, wenn wir Danny gefunden haben, ja?«

Wir fahren stundenlang durch die Gegend, fahren dreimal, dann viermal, dann fünfmal dieselbe Strecke.

»Er könnte inzwischen bei Oma sein«, sage ich.

»Jup.« Dad kaut auf seinem McDonald's-Strohhalm rum. Wir finden Danny nicht.

Zusammen mit Wills Familie stehen wir in unserer Auffahrt und überlegen, ob es an der Zeit ist, die Polizei zu rufen. Es fängt an zu regnen. Der Regen ist warm und nicht stark genug, um die Mücken zu vertreiben. Mom will die Polizei anrufen. Dad will noch warten. Wills Eltern helfen ihnen abzuwägen, was dafür- und was dagegenspricht, und es ist irgendwie schön, sie bei uns zu haben. Wie früher immer, als alles noch einfach war.

Danny kommt die Auffahrt hochgelaufen, als wäre nichts geschehen.

»Was ist los?«, fragt er.

»Im Ernst, Dan?«, sagt Dad.

»Warum holst du nicht deine Schlafsachen und übernachtest bei uns, Molly?«, schlägt Wills Mutter vor.

Früher habe ich Mom immer gefragt: »Kann ich denn nie mal bei jemandem übernachten, wenn am nächsten Tag Schule ist?«

»Vielleicht irgendwann«, hat sie immer gesagt.

Mit ungeputzten Zähnen, weil ich meine Zahnbürste vergessen habe, allein im Gästezimmer zu schlafen, war aber nicht das, was ich mir vorgestellt hatte.

Als wir unsere Handys bekommen haben, haben Wills und meine Mom beschlossen, uns für den Rest unseres Lebens jeden Abend um zehn Uhr das Handy abzunehmen, und daran haben sie sich auch gehalten. Aber nach dem heutigen Abend, mit einer vermissten Person und einer Übernachtung in letzter Minute, vergisst Wills Mom diesen Vorsatz. So sitzen wir also auf dem Badezimmerboden über mein Handy gebeugt, schreiben im 217-Personen-Gruppenchat und versuchen zu klären, wer mit wem im Zelt schläft. Meine Laborpartnerin Megan Birch hat mich gefragt, ob sie bei uns mit im Zelt schlafen kann (da ihr bester Freund ein Junge ist, der auf eine andere Schule geht). Ich habe ohne

Rücksprache mit Bea, Ashley und Navya Ja gesagt, und sie waren sauer, weil es zu warm und drängelig wird (und weil keine von ihnen je ein Wort mit Megan gewechselt hat). Deswegen will ich jetzt mit Megan in ein Zwei-Frau-Zelt, was sowieso besser ist, denn Navya schnarcht, und wie. Wie ein alter Mann, der ein Schweinchen verschluckt hat, das eine Sirene verschluckt hat.

Übernachtet Molly etwa bei Will?, schreibt Wills Kumpel Clay.

Echt jetzt. Schon mal dran gedacht, dass wir Nachbarn sind?

Snap Map verrät wirklich jedes Geheimnis. Ich schalte mein Handy aus, bevor auch Nick unsere Standorte checkt.

Heute Abend können wir so was nicht auch noch gebrauchen. Nick würde allen erzählen, dass Flachland bei dem Hässlichen übernachtet – Nicks unkreativer Name für Will, weil der auf einer Wange ein Florida-förmiges rosa-lila Muttermal hat. Als unser Baumhaus noch ein Bergfried war, machte Wills Muttermal ihn zu einem Prinzen, ja sogar zu einem Auserwählten. Prinz Willibald regierte ein Königreich voller Gnome und Gargoyles. Als Herrscher des nördlichen Waldes traf er sich im Bergfried mit Prinzessin Mollyblüte, Herrscherin der südlichen Gärten, um mit ihr über angreifende Armeen zu beratschlagen. Und über den Regen, der die Bonbonernte zu zerstören drohte.

Aber in der Schule war Prinz Willibald unter dem Namen Der Hässliche bekannt.

Will steht in seiner viel zu kurzen Schlafanzughose auf.

»Gut reagiert«, sagt er. »Clay macht aus allem gleich ein Drama.«

»Immer schon.«

»Soll ich runtergehen und uns Kekse und Milch holen?«

»Ich komme mit.«

Wir schleichen die mit Teppich belegte Treppe hinunter. Im Mondlicht sitzen wir am Küchentisch und tunken unsere Kekse in die Milch. Wir müssen nicht darüber reden. Ich muss mich nicht bei ihm ausweinen und ihm sagen, dass ich Angst um Danny habe, mir Sorgen um meine Eltern mache und den ewigen Streit und Stress satthabe. Das weiß er sowieso schon.

Mit seinem besten Freund mitten in der Nacht Kekse zu essen, ist manchmal besser, als zu reden.

Auf dem Weg nach oben flüstert Will: »Vergiss nicht die Sache mit Pearl.«

Er ist wirklich verliebt.

Wie aus einer Vorwarnung genau im richtigen Moment eine Warnung wird und mich davor bewahrt, einen Lehrer zu schlagen

Eine Tornado-Vorwarnung wurde ausgerufen, und die Fingerspitze hat nichts Besseres zu tun, als Schülerinnen, denen so heiß ist, dass sie sich kaum noch bewegen können, zu kleiderordnen. Es sind 36 Grad im Schatten, und die Luft ist so klebrig, dass man damit Fliegen fangen könnte. Aber natürlich sind es nackte Schultern, die für den Weltuntergang sorgen werden. Und nicht nur die – auch Bäuche. Und Oberschenkel. Und BH-Träger. Alle Mädchen bekommen heute eins ab.

Navya wurde aus dem Spanischkurs zitiert. Jetzt weint sie auf dem Klo, weil sie die Klausurvorbereitung verpasst hat und in Spanisch sowieso schon auf der Kippe steht. Außerdem hat Navya wahnsinnige Angst vor Tornados.

»Ich glaub, ich bekomme eine Panikattacke«, sagt sie, beugt sich nach vorne und versucht, wieder normal zu atmen.

Zwei Schülerinnen aus der Siebten stehen in einer Ecke, vapen und starren uns an. Ich halte ein paar Papierhandtücher unter den kalten Wasserhahn und drücke sie gegen Navyas Nacken. »Ich finde jemanden, der mitgeschrieben hat, und dann treffen wir uns heute Nachmittag. Alles okay. Das kriegen wir schon hin.«

Unsere Handys piepen alle gleichzeitig. Ich ziehe meins aus meinem Rucksack.

»Es ist eine Vorwarnung, keine Warnung«, sagt eine der Siebtklässlerinnen.

»Wenn du weiter so vapst, wirst du dir wünschen, dass ein Tornado dich umbringt«, sage ich. Ich kann nicht anders. Das Mädchen schaut mich mit großen Augen an und verschwindet dann schnell mit seiner Freundin.

»So, du armes Häschen, jetzt besorgen wir dir erst mal was zu trinken.« Ich nehme Navya sanft am Arm und führe sie zum guten Wasserspender, zu dem, der nicht nur tröpfelt. Ich fülle ihre Metallflasche auf, und sie trinkt ein paar Schlucke.

»Was steht ihr hier rum, Mädchen?« Ich muss mich gar nicht umdrehen, um Mr Derns Stimme zu erkennen. »Frühlingsgefühle? Haltet ihr euch deswegen heute alle nicht an die Kleiderordnung? Na los, ab zur Schulleitung mit dir.«

Navya dreht sich um und starrt ihn an. Ihr hochrotes Gesicht ist noch immer mit Wimpertusche verschmiert.

Piep piep. Derns Handy erinnert uns an die Tornado-Vorwarnung.

»Los jetzt. Ab ins Büro mit dir«, sagt er und wendet sich mir zu. »Und du, zurück in den Unterricht.«

»Sie war schon bei der Schulleitung«, sage ich. »Sie geht jetzt auch zurück in den Unterricht.«

»Hat man deinen Eltern denn nicht gesagt, dass sie dir etwas anderes zum Anziehen bringen sollen?«

»Ich wurde nur verwarnt.«

»Na, dann zieh ein Sweatshirt drüber.«

»Es sind fast 40 Grad!«, rufe ich. »Was ist mit Ihnen los?«
Mir reicht es.

»Wie heißt du?«

»Molly Frost. Letztes Jahr war ich bei Ihnen in der Beratung.«

Piep piep piep.

Glück gehabt. Couchman macht eine Durchsage: Da der Himmel unheilvoll aussehe und aus der Vorwarnung eine Warnung geworden sei, würden ab jetzt die Verhaltensrichtlinien für mögliche Tornados in Kraft treten. Die Flure füllen sich mit den Lehrern, die einander alle fragen: »Wie sind denn die Verhaltensrichtlinien noch mal?« Und Dern wird von der Menge verschluckt, die sich darüber beschwert, dass Couchman sie auf diesen Fall nicht gut genug vorbereitet hat.

Wäre der Himmel eine Wimperntuschenfarbe, wäre er kohlrabenschwarz. Navya greift sich meinen Rucksack und zerrt mich zurück ins Klo. Sie kniet sich unter das Waschbecken und hält sich die Hände über den Kopf. »Jetzt passiert das Gleiche wie in Missouri«, sagt sie. »Er wird alles plattmachen.«

»Nein, wird er nicht. Wir sind von Bergen umgeben. Alles wird gut.«

Ich überrede sie, wieder in den Spanischunterricht zu gehen, und gehe nebenan zu NaWi. Mr Lu sichert gerade die Laboreinrichtung, während alle anderen in unbequemer Haltung unter ihren Tischen schwitzen. Er fordert uns auf, unsere Handys auszuschalten, da er das ständige Piepen und die Anrufe von besorgten Eltern nicht mehr erträgt.

Und dann ist es vorbei.

Der Himmel klart auf, das Licht kommt zurück, und wir werden entlassen.

Mom wartet auf mich. Nach Dannys Verschwinden hatte sie bestimmt Angst, der Tornado könnte mich auch einfach davontragen, während ich mich an einen Labortisch der Fisher-Mittelschule klammere.

»Ein paar Orte weiter hat sich ein Tornado, Stufe eins, gebildet«, sagt Mom.

»Warum haben Tornados im Gegensatz zu Wirbelstürmen eigentlich keine Namen?«

»Keine Ahnung.«

»Ich finde, sie sollten welche haben.«

Wie Mom und ich eine Stunde totschlagen, weil Dad mit Danny zu Hause ist und wir eine Auszeit brauchen

- Wir teilen uns bei Starbucks eine Zitronenschnitte und einen Eistee, um die Tatsache zu feiern, dass wir Zoe, den ersten Tornado mit einem Namen, überlebt haben – wir haben mit dem Alphabet von hinten angefangen.
- Wir kaufen eine neue Badematte für Dannys Bad mit unserem Gutschein von Bad & Bett.
- Wir tanken (und kaufen Tiefkühl-Fertiggerichte an der Tankstelle).
- Wir sitzen im Auto und scrollen durch Moms Facebook-Feed.
- Wir beschließen, dass wir im Sommer einen Roadtrip machen werden (nur wir beide).

Wie nennt man ein gebrochenes Herz auf Spanisch? (Ich frage für einen Freund)

Pearl kommt vorbei, um Navya bei Spanisch zu helfen. Draußen gießt es noch immer in Strömen, und ich versuche, mich auf meinen Aufsatz zu konzentrieren. Doch Navya tut sich schwer, und Pearl bemüht sich, geduldig zu bleiben.

»Ich bin gerade nicht in der richtigen Stimmung für Spanisch«, sagt Navya. »Aber danke, dass du versuchst, das in meinen Hohlkopf zu hämmern.«

»Du kannst mehr, als du denkst.« Pearl streicht ihr Haar nach hinten und bindet es zu einem Pferdeschwanz. Sie ist wirklich hübsch. Kein Wunder, dass Will auf sie steht.

Will. Das habe ich fast vergessen.

»Warum kann die Schule nicht schon vorbei sein?«, sagt Navya. »Ich kann nicht fassen, dass ich heute gekleiderordnet wurde.«

»Kann ich ein Foto machen?«, frage ich.

Sie streckt die Zunge raus, und ich poste ein Bild von Navya in ihrem Tanktop. *#NichtInOrdnung – verwarnt, weil sie an einem 37-Grad-Tag ein Tanktop anhatte.*

»Ich habe im Internet so einen Artikel gelesen, über eine Gruppe Mädchen, die in ihrer ganzen Schule Protestplakate gegen die Kleiderordnung aufgehängt haben. Das sollten wir auch machen«, sagt Pearl. »Ich wette, Beas Plakate würden super aussehen.«

»Hm. Das ist eine tolle Idee. Wir könnten ganz viele Plakate machen und sie nach dem Lacrosse-Training aufhängen«, sage ich.

»Oh ja, lasst uns das machen«, sagt Navya und packt ihre Sachen zusammen. Sie klettert durch die Falltür und rennt nach Hause, um sich für das Hallentraining fertig zu machen. (An einem verregneten Abend um halb sechs zum Lacrosse-Training zu gehen, ist wirklich das Letzte, auf das ich Lust habe.)

»Hey, Pearl, kann ich dir was erzählen?«

»Klar.«

»Also, das ist ein bisschen peinlich, und du musst auch nichts dazu sagen, aber Will ist total verknallt in dich.«

Sie lehnt sich an die Wand und blinzelt ein paarmal.

»Wirklich? Ich hatte echt keine Ahnung. Also, er ist im Unterricht immer nett zu mir, aber er ist eben einfach ein Netter.«

»Er ist ziemlich toll.« Ich wünschte, Prinz Willibald könnte mich jetzt hören. »Und … was meinst du?«

Sie lächelt. Mir ist vorher noch nie aufgefallen, dass ihre Zahnspange blau ist.

»Ich mag jemand anders, aber darüber kann ich im Moment absolut nicht reden.«

»Warum nicht? Ich verspreche, dass ich es dir sofort erzählen würde, falls und wenn ich jemanden mag.«

Sie lächelt wieder und wird ein bisschen rot.

»Noch nicht. Aber bitte, bitte sag Will, dass er supersüß ist und ein wirklich netter Typ.«

Ich werde Will nie im Leben von diesem Gespräch erzählen.

»Ein kleiner Hinweis?«

»Nee.«

»Okay, gut. Wollen wir uns morgen hier treffen, um die Plakate zu machen?«

»Ich komme auf jeden Fall.«

Will muss sich in jemand anderen verlieben.

Wie ich mich in Navya verfreundet habe

Ständig reden wir von Liebe, dabei verfreunden wir uns viel öfter, als dass wir uns verlieben.

Ich kannte Navya schon, bevor sie bei uns in der fünften Klasse auftauchte. Als sie noch auf die Montessori-Schule ging, haben wir beide einen Schlittschuhkurs in der Eissporthalle gemacht. Als unsere Lehrerin sie uns als Navya von der Montessori vorstellte und ihr Blick auf mich fiel, entspannte sich ihr Gesicht. Ich habe sie an die Hand genommen, sie mit in die Pause und zum Mittagessen geschleift, und sie hat jeden Tag bei Olivia, Bea und mir gesessen. Aber da habe ich mich noch nicht in sie verfreundet.

Ich habe mich in Navya verfreundet, als sie aufgestanden ist und sich mit einem Lacrosse-Schläger, einem Ball und einer mir bisher unbekannten Liebe zum Sport vor die Klasse stellte. Ihr Gesicht leuchtete, als sie uns erzählt hat, dass die amerikanischen Ureinwohner einen Ball aus Hirschhaut benutzt haben, der mit Haaren ausgestopft war. Damals, sagte sie, wurde gespielt, um den Frieden aufrechtzuerhalten. Sie hat von der Geschichte des Frauen-Lacrosse erzählt, wie sie alles über den Sport von ihrer Mutter gelernt hat, die selbst auf dem College in einem Team war, und dass sie das ganze Jahr über spielt, weil ihr sonst etwas fehlt.

Ich war erst in der fünften Klasse, aber ich wollte unbedingt irgendwann für irgendetwas auch so eine Leidenschaft empfinden wie Navya für Lacrosse. Sie war so glücklich und aufgeregt, als sie darüber gesprochen hat, dass ich mich in sie verfreundet habe.

Ich wollte, dass sie meine beste Freundin wird.

Navya ist die beste Lacrosse-Spielerin, die unser Coach je trainiert hat, die Jungs eingeschlossen. Sogar mir hat sie etwas beigebracht, und ich bin so was von tollpatschig. »Es ist wie Eislaufen«, hat sie immer gesagt, wenn ich wie ein verlorenes Huhn durch ihren Hinterhof gerannt bin. »Es dauert ein bisschen, bis man den Bogen raushat.«

Ich habe ihr nicht gesagt, dass ich sechs Jahre lang im Schlittschuhkurs war.

Ich habe den Bogen nie rausbekommen.

Schlecht gelaunt heißt nichts anderes als »Mein Bruder war schon immer gemein zu mir«

Mom, Dad, Wills Dad und Danny sitzen am Küchentisch, als ich vom Lacrosse-Training nach Hause komme. Ich kippe zwei Gläser Limonade runter und bekomme sofort Limonaden-Bauchweh.

Alle sehen mich an.

»Möchtest du dich kurz zu uns setzen?«, fragt Mom.

Ich sehe Danny an, der auf das übrig gebliebene Stück Pizza auf seinem Teller starrt.

»Danny fährt mit Dad eine Weile runter zu Oma«, sagt Mom.

»Warum?«, frage ich.

Dad wirft Wills Vater einen Blick zu. »Wir gehen zu einer Ärztin, die in Westchester, in der Nähe von Oma, lebt. Sie ist auf Suchtkrankheiten spezialisiert.«

Danny schüttelt den Kopf. »Total lächerlich.«

»Sie ist eine unglaublich gute Ärztin, Danny«, sagt Wills Dad. »Unsere Freunde haben gute Erfahrungen mit ihr gemacht. Mann, nun komm schon. Du willst doch nicht in dreißig Jahren noch an deinen Pods hängen, so wie ich an den Zigaretten. Ich könnte mir von dem Geld, das ich dafür verschwendet habe, einen Ferrari kaufen.«

»Okay, Roger. Du kannst jetzt nach Hause gehen«, sagt Danny.

»Danny, hör auf, so unverschämt zu sein. Roger will uns nur helfen«, sagt Mom.

»Ich brauche keine Hilfe. Ich brauche Eltern, die nicht so psychotisch sind. Und eine Schwester, die nicht so hässlich ist.«

Das Limonaden-Bauchweh verwandelt sich in Familienstress-Bauchweh.

»Ich hab viele Hausaufgaben«, sage ich. Ich nehme meinen Rucksack, renne nach oben und lasse mich aufs Bett fallen.

Ein wenig später kommt Mom rein. »Ich hoffe du weißt, dass er nur so ist, weil er schlechte Laune hat.«

»Er hat schlechte Laune, seit ich geboren wurde, Mom.«

Ihre Miene verdüstert sich, und sie geht aus dem Zimmer, um Dannys Koffer zu packen. Weil Danny schlechte Laune hat und nichts selber machen kann.

Was Dad in seinem zweiwöchigen Urlaub machen wollte

- Golf spielen
- die Garage aufräumen
- sich um den Garten kümmern
- Playlists für mich zusammenstellen
- mit mir Kajak fahren, wie jedes Jahr kurz vor Ende des Schuljahrs
- vielleicht ein paarmal ausschlafen
- Zimtschnecken backen (so lecker)

Was Dad in seinem zweiwöchigen Urlaub tatsächlich macht

- Er wird von seiner Schwiegermutter angeschrien, weil er beim Duschen in ihrem winzigen Bad alles überschwemmt hat.
- Er fährt seine Schwiegermutter zu ihren Verabredungen, damit sie nicht den Bus nehmen muss.
- Er räumt die Garage seiner Schwiegermutter auf und kümmert sich um ihren Garten.
- Er passt auf Danny auf, damit der nicht abhaut und seiner Schwiegermutter den Herzinfarkt beschert.

Was hast du gesagt?

Nach der Mittagspause versuche ich, den Flur auf der Nordseite zu meiden. Denn da treffen sich Nick und seine Gefolgsleute jeden Tag, um Pods auszutauschen und dann im Klo zu verschwinden.

Heute müssen Tom und ich bei Ms Lane vorbeigehen, um Unterrichtsmaterialien abzuholen.

Nick steht bei den Schließfächern vor Ms Lanes Büro.

»Hey, Gehirnamputierter, versuchst du gerade, das Flachland zu kleiderordnen?«

Wie üblich eine völlig sinnfreie Äußerung.

»Warte mal, was hast du da gerade gesagt?« Ms Lane kommt aus ihrem Büro und rückt Nick so nah auf die Pelle, dass er bestimmt riechen kann, was sie zu Mittag gegessen hat.

Er erstarrt. Er wird rot im Gesicht. Und dann macht er etwas, was jeden Lehrer in den Wahnsinn treibt. Er grinst.

»Was. Hast. Du. Gesagt?«

»Er hat gefragt, ob ich Molly kleiderordne«, sagt Tom.

Ms Lane holt tief Luft. »Nick, zur Schulleitung. Jetzt.«

Er dreht sich um, noch immer grinsend, spielt mit dem Basecap in seiner Hand und schlendert Richtung Schulleitung.

»Tom, warte kurz hier. Molly, kann ich dich mal sprechen?«

Wir gehen in ihr Büro und schließen die Tür. Sie fragt mich, wie Nick mich gerade genannt hat. Ich erzähle ihr alles, sogar, warum Nick mich Flachland nennt. Ich zeige ihr Megan Birchs Liste. Ich berichte ihr von dem N-Wort, das er zu Julissa gesagt hat, und dass er die autistischen Kinder geistige Zwerge nennt. Und von all den anderen schrecklichen Sachen, die Nick täglich von sich gibt. Als ich fertig bin, zittert sie vor Wut.

»Aber warum hat das niemand gemeldet? Oder wenigstens einen Zettel in den Beschwerde-Briefkasten geworfen?«

Ich verdrehe die Augen. »Das haben viele gemacht. Aber es passiert nie was.«

»Nun, diesmal wird etwas passieren. Danke, Molly. Ich werde mich darum kümmern.«

»Okay. Aber Ms Lane, wenn das bedeutet, dass Tom auch zur Schulleitung muss, um Nick gegenüberzutreten, dann machen Sie das bitte nicht. Für Tom wäre das nicht gut.«

Sie starrt mich an. »Der Einzige, der hier zur Schulleitung muss, ist Nick.«

Der Beschwerde-Briefkasten

Im Flur auf der Westseite, neben dem Büro der Schulkrankenschwester, hängt ein hölzerner Kasten mit einem Schlitz an der Wand. Offiziell heißt er »Ideen und Anregungen«, aber alle nennen ihn den Beschwerde-Briefkasten, weil wir uns auf diesem Weg auch anonym beschweren können, wenn wir gemobbt werden.

Der Beschwerde-Briefkasten wird auf viele verschiedene Arten genutzt:

- Als Sammelbox für Schimpfwörter.
- Als Möglichkeit, einem Todfeind Ärger einzuhandeln, indem man behauptet, von ihm gemobbt worden zu sein.
- Als Möglichkeit, sich über Lehrer zu beschweren, die zu viele Hausaufgaben aufgeben und aus dem Mund nach Kaffee stinken.
- Als Mülleimer für Kaugummis, die an Papierfetzen kleben.

Einmal aber, als wir in der siebten Klasse waren, hat sich eine Schülerin beschwert, weil sie tatsächlich gemobbt wurde. Innerhalb weniger Stunden hat Couchman sie in sein Büro gerufen und verhört. Sie hat angefangen zu weinen und zugegeben, dass sie es war, die sich beschwert hat. Couchman hat den Typ, der sie gemobbt hat, aus dem Unterricht holen lassen und das Mädchen gezwungen, ihm gegenüberzutreten. Das Mädchen ist aus der Schule weggerannt, und ihre Eltern sind Couchman gegenüber später ausgerastet.

Danach ging das Gerücht rum, dass der Beschwerde-Briefkasten keineswegs anonym sei und dass Couchman überall Kameras habe, um uns zu beobachten. Und wenn man sich trotzdem trauen sollte, sich über Mobbing zu beschweren, dann würde Couchman dem Peiniger schließlich sowieso verraten, wer sich über ihn beschwert hat. Warum also sollte irgendjemand das noch tun?

Eltern haben nach dem Vorfall ein Treffen mit der Schulleitung gefordert und Beweise dafür, dass keine Kameras in der Schule sind. Die Schulbehörde hat gesagt, dass es Tausende von Dollar kosten würde, Kameras zu installieren, und dass unser Schulbezirk keine Tausende von Dollar hat, selbst wenn sie Kameras installieren wollten.

Nach dem Lockdown wegen eines möglichen Amoklaufs haben die Eltern sich wieder mit der Schulleitung getroffen und diesmal verlangt, dass Kameras installiert werden.

»Wir haben keine Tausende von Dollar«, hat die Schulbehörde gesagt.

Der Typ, der das Mädchen gemobbt hat, wurde nie bestraft, obwohl auf dem Beschwerde-Zettel das stand:

Nick hat die Tür zum Mädchenklo zugehalten und mich nicht rausgelassen, bis ich zugegeben habe, dass ich das fetteste Mädchen der Schule bin.

Jetzt, da wir wissen, dass es keine Kameras in der Schule gibt, wird der Beschwerde-Briefkasten wieder auf die üblichen anderen Arten genutzt.

Das Mädchen, das gemobbt wurde, hat die Schule gewechselt.

Und ihr Peiniger quält noch immer andere Schülerinnen und Schüler.

Protestplakate

Wir schmieden Pläne, wie wir die Schulflure mit Protestplakaten gegen die Kleiderordnung pflastern können, und der Gruppenchat der weißen Kleider verwandelt sich in einen Protestplakate-Gruppenchat. Nach der Schule treffen wir uns zu Thai-Essen und Protestkunst bei mir zu Hause.

Mom kommt rein, als wir über den ganzen Küchenboden verteilt sitzen und arbeiten.

»Na, was habt ihr Mädchen vor?«, fragt sie und nimmt sich eine Frühlingsrolle.

»Wir machen Plakate, um gegen die Kleiderordnung zu protestieren«, sage ich. »Wir hängen sie nach dem Lacrosse-Training in der Schule auf.«

»Habt ihr dafür eine Erlaubnis bekommen?«

»Nicht so wirklich. Aber der stellvertretende Schulinspektor hat nicht auf die Petition reagiert, und nichts hat sich verändert. Es wäre gewaltfreier Widerstand.«

»Na dann«, sagt Mom und lächelt ein wenig.

Wir legen unsere Plakate in einer Reihe auf den Esstisch. Es ist das erste Mal seit Thanksgiving, dass der Esstisch sinnvoll genutzt wird.

*

In einer braunen Papiertüte, die wir zugetackert haben, nehmen Navya und ich die Plakate mit zum Lacrosse-Training. Während ich in der brütenden Hitze über das Feld renne, rumoren die Thai-Nudeln in meinem Bauch.

»Wir müssen mal aufs Klo«, sagt Navya der Trainerin. (Da wir wirklich müssen, ist es eigentlich nicht gelogen.)

Wir gehen ins Schulgebäude, das ohne Schüler wie eine unheimliche Gruft wirkt.

»Wollen wir?«, fragt Navya und reißt die Papiertüte auf.

»Derny, Dern, Dern, was geht ab, Mann? Sollen wir ein paar Bälle schlagen?«

Es ist Dr. Couchman, und er brüllt im Flur rum, als wären Mr Dern und er noch Studenten in einer Verbindung.

»Bin dabei. Ich gehe noch kurz pinkeln.«

»Widerlich«, flüstere ich Navya zu. Wir schlüpfen ins Mädchenklo und warten.

»Wir dürfen nichts riskieren«, sage ich. »Sonst war alles umsonst.«

Wir schreiben in die Gruppe: *Mission abgebrochen.*

Und dann hat Pearl eine Idee.

*

Der Club für gemeinnützige Arbeit trifft sich jeden Donnerstagmorgen um sieben Uhr. Pearl leitet den Club, und weil Mr Henke immer zu spät kommt, lässt der Hausmeister sie rein, bevor er sich einen Kaffee holen geht.

Pearl, Olivia, Navya, Bea und ich treffen uns um 6.30 Uhr im Wald. Wir haben uns überlegt, dass es besser ist, wenn Mary Kate und Lucy nicht mit dabei sind, weil sie noch ein weiteres Jahr auf die Schule gehen müssen. Und Liza kann nicht kommen, weil der Bus aus Hartford so früh nicht fährt.

Pearl lässt uns um 6.50 Uhr durch den Seiteneingang neben dem Proberaum rein.

»Wir müssen uns beeilen, das heißt rennen«, sagt Pearl. »Wir haben zehn Minuten.«

Wir stürmen in unterschiedliche Richtungen davon, kleben mit ablösbarem Klebeband drei Plakate an jede Wand und rennen weiter. (Das mit dem ablösbaren Klebeband war Beas Idee, damit wir die Wände nicht beschädigen. Ihr Vater nimmt so was sehr genau.)

Keuchend sprinten wir zurück zum Proberaum und entkommen um exakt 6.56 Uhr in den Garten.

»Gut gemacht, Team«, sagt Pearl und verschwindet zurück in die Schule, um auf Mr Henke und die anderen Club-Mitglieder zu warten.

Wir anderen hängen im Wald rum und warten, in der Nähe von dem Grab des kopflosen Vogels. Wir sind voller Adrenalin, und ziemlich viel Angst haben wir auch.

»Was ist, wenn es Kameras gibt?«, fragt Olivia.

»Gibt es nicht«, sagt Navya. »Weißt du noch die Geschichte mit dem Beschwerde-Briefkasten?«

»Ach, stimmt.«

Klopfende Herzen.

Schwitzende Hände.
Rasende Gedanken.
Wir warten auf das Klingeln.

Wenn man erwischt wird, sollte man

1. tapfer sein;
2. wenn's geht, auf jeden Fall die Schuld auf sich nehmen, ohne die anderen mit reinzuziehen;
3. nie und nimmer um Entschuldigung bitten;
4. herausfinden, wen man als Verbündete hat;
5. alles aufzeichnen.

Manchmal befindet sich alles, was man über jemanden wissen muss, in einer grünen Mappe

Ich bin gerade ziemlich stolz.

Alle reden über unsere Plakate.

Zwei Minuten nachdem es klingelt, ruft mich Mrs Peabody, die Sekretärin, über den Lautsprecher aus. Navya sitzt neben mir im Klassenzimmer. Sie wirft mir einen Bitte-verpetz-mich-nicht-Blick zu. Ich lächele und zwinkere ihr zu. Natürlich denkt Couchman, dass ich es war. Schließlich bin ich die Gründerin und die Geschäftsführerin von *Nicht in Ordnung: ein Kleider-Podcast.*

»Setz dich, Molly.« Mrs Peabody zeigt auf einen wackeligen Stuhl vor dem Besprechungsraum. Irgendjemand hat mit schwarzem Filzstift *Ich liebe Jim* auf die Lehne geschrieben.

Aus irgendeinem Grund habe ich keine Angst. Das wäre anders gewesen, wenn ich an diesem ersten Schultag in der siebten Klasse, als Liza gekleiderordnet wurde, zu Couchman gerufen worden wäre. Jetzt haben wir nur noch ein paar Wochen Schule. Ich wäre nicht am Boden zerstört, wenn ich das letzte Lacrosse-Spiel nicht mitmachen dürfte (anders als Navya). Meine Eltern werden mich nicht bestrafen. Und vor allem glaube ich an das, was wir hier tun.

Ich bin ganz ruhig.

Als die Tür aufgeht, schalte ich das Aufnahmegerät von meinem Handy ein.

»Molly Frost.« Dr. Couchman schaut auf einen Zettel, bestimmt, weil er nicht weiß, wie ich heiße, und meinen Namen ablesen muss. »Komm rein.«

Ich setze mich ihm und unserer Vertrauenslehrerin Ms Santos-Skinner gegenüber. Sie hebt die Hand, um Hallo zu sagen, und schenkt mir ein Lächeln.

Mein Handy lege ich oben auf die Schulbücher in meinem Schoß.

»Du hast sicher mitbekommen, dass Plakate, die unsere Kleiderordnung kritisieren, heute Morgen auf geheimnisvolle Weise überall in der Schule aufgetaucht sind«, sagt Couchman.

»Die die ungerechte Kleiderordnung kritisieren, meinen Sie?«, frage ich. »Ja.«

Kein Bauchweh. Keine verschwitzten Hände. Ich bin ganz ruhig.

Dr. Couchman sieht Ms Santos-Skinner an und schüttelt den Kopf.

»Ein paar Schüler sind zu mir gekommen und haben mir gesagt, dass du so eine Art Podcast gegen die Kleiderordnung machst. Deswegen frage ich dich jetzt ganz direkt: Hast du die Plakate aufgehängt?«

Ich starre ihn an. »Wer waren diese paar Schüler? Ich habe ein Recht, das zu wissen.«

»Das werde ich vertraulich behandeln.«

»So wie die Mobbing-Beschwerde des Mädchens im Beschwerde-Briefkasten?«

Ich werfe Ms Santos-Skinner einen kurzen Blick zu. Ihre Augen werden groß. Ich war nur ein paarmal bei ihr, um meinen Stundenplan zu besprechen. Ich weiß nicht, ob ihr Blick bedeutet *Wie kannst du es wagen, so mit dem Schulleiter zu sprechen* oder *Weiter so, Schwester!*.

»Ich erzähle Ihnen alles, wenn Sie mir sagen, wer diese Schüler waren. Das sind meine Bedingungen.«

Er steht auf und lehnt sich über den Tisch. Sein Gesicht ist so krumpelig wie eine zusammengeknüllte Socke. »Möchtest du suspendiert werden? Denn da bewegst du dich gerade direkt drauf zu.«

Ich möchte ganz bestimmt nicht suspendiert werden und somit riskieren, die Abschlussprüfung zu verpassen, das Schuljahr nicht zu beenden, um dann im nächsten Jahr wieder hier auftauchen zu müssen. »Okay. Sie gewinnen. Ich war es. Und es tut mir nicht leid.«

»Du hast die Plakate aufgehängt?«, fragt Ms Santos-Skinner.

»Jup.«

»Dann bist du also ins Schulgebäude eingebrochen?«, fragt Dr. Couchman, der noch immer steht.

»Ich bin nicht eingebrochen. Die Tür neben dem Proberaum stand heute Morgen weit offen, also bin ich reingegangen. Falls es in der Schulordnung eine Regel gibt, die verbietet, in die Schule reinzugehen und Plakate aufzuhängen, habe ich die wohl übersehen. Und dann haben wir anscheinend das ganze Schuljahr lang unerlaubt Plakate für Wohltätigkeitsveranstaltungen und Clubs aufgehängt.«

»Du wolltest Unruhe stiften«, sagt Couchman.

»Sie haben absolut keine Ahnung, was ich wollte.«

»Okay, Molly, wie wäre es, wenn du zustimmst, die Plakate abzunehmen und mit mir einen Termin für ein Beratungsgespräch zu machen?«, sagt Ms Santos-Skinner.

»Ich würde nur sehr ungern die Plakate abnehmen. Aber ich spreche gerne mit Ihnen darüber, wie sehr die Kleiderordnung den Schülerinnen an unserer Schule schadet.«

»Na, und ob du diese Plakate abnimmst – und zwar jetzt gleich, in meinem Beisein«, sagt Dr. Couchman. »Und du musst nachsitzen, wegen Sachbeschädigung und weil du dich hier reingeschlichen hast.«

»Plakate aufzuhängen ist keine Sachbeschädigung, und ich habe mich nicht reingeschlichen.«

»Los geht's.« Er hält mir die Tür auf.

Ich gucke Ms Santos-Skinner an, die den Kopf schüttelt, und wieder weiß ich nicht, ob sie das tut, weil sie denkt *Dummes Mädchen, stiftet Unruhe* oder *Dummer Schulleiter, weiß nicht, was Sachbeschädigung bedeutet.*

Während ich neben Dr. Couchman den Flur entlanglaufe, halte ich das Handy in einer Hand. Ich lese jedes Plakat laut vor, das ich dann vorsichtig abnehme.

Hört auf, Mädchen zu beschämen!

Oh nein! Man sieht meine Schultern!

Kämpft gegen die ungerechte Kleiderordnung!

Hör auf, mich anzustarren, du widerlicher alter Sack!

Warum ist mein Bauch wichtiger als meine Schulbildung?

Bringt den Jungs Selbstbeherrschung bei!
Ich bin mehr als meine Kleidung!

Die zwei Plakate auf der Rückseite der Kabinentüren im Mädchenklo bleiben hängen. Das sind meine. Ich habe sie absichtlich dort hingehängt. Auf beiden steht:

SEI DABEI, SCHWESTER!
@NichtInOrdnungeinKleiderPodcast
#NichtInOrdnung

»Tschüss, Dr. Couchman«, sage ich. »Ich hoffe, Sie ändern die Schulordnung.«

Er murmelt irgendwas vor sich hin und geht von dannen.

»Oh, darf ich meine Plakate behalten? Das war echt eine Menge Arbeit«, rufe ich ihm hinterher.

Wenn er sich tatsächlich mal die Mühe machen würde, seine Schülerinnen und Schüler kennenzulernen (abgesehen von den Baseballspielern), wüsste er, dass ich nie im Leben so etwas Künstlerisches hinbekommen würde wie zum Beispiel Beas Plakate. Aber er kennt weder mich noch Bea.

»Nein«, ruft er zurück.

Nach der Schule folgt mir Ms Santos-Skinner durch die Menge zur Bushaltestelle und gibt mir einen weißen Müllbeutel.

»Die habe ich bei der Wertstofftonne gefunden«, sagt sie und zwinkert mir zu.

Als wir im Bus sitzen, reißen Mary Kate und ich die Tüte auf.

Ordentlich übereinandergestapelt, liegen alle unsere Plakate in einer grünen Mappe.

Wenigstens weiß ich jetzt genau, auf welcher Seite Ms Santos-Skinner steht.

Als ich nach Hause komme, erzähle ich Mom alles.

Sie weiß es schon. »Ja, ich wurde angerufen.«

»Bist du sauer?«

»Überhaupt nicht.« Sie legt die Arme um mich und drückt mich.

Ich erzähle ihr, was Dr. Couchman gesagt hat und dass ich ab morgen nachsitzen muss, aber auch, dass sich viele gefreut haben, dass wir gegen die Kleiderordnung protestieren.

»Wahrscheinlich sitze ich da dann zusammen mit Nick, weil er mich ›Flachland‹ genannt hat und Tom ›gehirnamputiert‹.

»Das ist ja furchtbar. Warte mal, ›Flachland‹?«

»Vergiss es. Es ist einfach zu bescheuert.« Ich drehe mich um und esse eine Orangenscheibe. »Hast du was von Danny gehört?«

»Er macht sich tatsächlich ganz gut. Oma kocht all seine Lieblingsgerichte, und er führt mit Dad ausnahmsweise mal richtige Gespräche.« Sie lacht. »Wenn mir jemand vor zehn Jahren erzählt hätte, dass eines meiner Kinder zur Suchttherapie gehen wird und das andere nachsitzen muss und es mir damit ganz gut gehen würde, hätte ich das nicht geglaubt.«

»Danny wird schon wieder, Mom.«

Sie lächelt. »Ja, das glaube ich auch.«

Thibodeaux folgt mir zum Baumhaus, und ich hieve ihn

nach oben. Ich öffne die grüne Mappe und hänge unsere Plakate an die Wände des Baumhauses. Tibby und ich liegen auf dem Boden und schauen uns um. Hier hatte ich schon viele gute Ideen. Jetzt ist es das Hauptquartier eines Protestes.

Und ich habe das Gefühl, dass es so bleiben wird, bis sie die Schulordnung verändern oder bis wir uns verändern.

Oder beides.

Nicht in Ordnung: ein Kleider-Podcast
Episode sechs

Ich: Hallo, Fisher-Mittelschule und alle anderen da draußen. Ich bin Molly Frost, und ihr hört gerade *Nicht in Ordnung: ein Kleider-Podcast*, Episode sechs. Dies ist eine Sonderausgabe von *Nicht in Ordnung*. Ich habe heute keinen Gast. Stattdessen hört ihr gleich das gesamte Gespräch zwischen mir und unserem Schulleiter, nachdem der mich zu sich gerufen hat, weil ich mit Plakaten gegen die Kleiderordnung protestiert habe. Viel Spaß.

Ich höre den Jubel

Ich höre die Jubelrufe, sie hallen von allen Seiten wider, von den Stoppschildern, von den großen Eichen und den Tieren des Waldes, die sich in unserer Gegend rumtreiben. *Weiter so, Molly Frost. Du bist ein starkes Mädchen.* Es ist der bisher beliebteste Podcast, und in mir ist es hell und warm. Ich bin genauso mutig wie damals, als es mir egal war, was die Leute von mir dachten.

Das ist lange her.

Ein Brief an die Eltern

Liebe FMS-Eltern,

bitte ermuntern Sie Ihre Kinder dazu, die Verhaltens-regeln, die in der Schulordnung aufgeführt sind, zu befol-gen, besonders in Bezug auf die Kleiderordnung. Ich weiß, dass das herannahende Sommerwetter die Kinder zappelig machen kann, aber wir wollen uns doch die Strandklei-dung für den Strand aufheben.

Ich möchte diese Gelegenheit nutzen, um die Kleider-ordnung für die Zeremonie unserer Abschlussklasse am 15. Juni klarzustellen: Die Jungen sollen Kakihosen, An-zugschuhe und ein ordentliches weißes Hemd mit Krawat-te tragen. Die Mädchen weiße Kleider, die Schultern und Schlüsselbein bedecken und mindestens bis zu den Knien reichen. Bei Verstößen gegen die Kleiderordnung an diesem Tag werden wir die entsprechenden Schülerinnen und Schüler auffordern zu gehen. Sehen Sie bitte außerdem da-von ab, mit Blitzlicht zu fotografieren. Wir freuen uns auf einen gediegenen und feierlichen Abend.

Mit freundlichen Grüßen
Jim Couchman, Pädagogischer Leiter

Der Protestplakate-Gruppenchat heißt jetzt wieder Gruppenchat der weißen Kleider (aus naheliegenden Gründen)

Pearl: Alles okay, Molly? Tut mir wirklich so leid, dass du allein in sein Büro musstest.

Ich: Alles gut. Eigentlich hat es sogar Spaß gemacht.

Navya: Du warst einfach fantastisch.

Ich: Dankeschön. Ein bisschen fühlte ich mich auch so.

Olivia: Am besten war »Plakate aufzuhängen ist keine Sachbeschädigung«.

Alle: LOLOLOL.

Ich: Was machen wir jetzt wegen Couchmans Kleiderordnung zur Abschiedsfeier?

Bea: Es wird so was von heiß sein.

Navya: Ich habe endlich ein Kleid gefunden und werde es auf keinen Fall wieder zurückbringen. Ich kann's echt nicht fassen.

Olivia: Geht mir genauso.

Bea: Mir auch.

Liza: Gekleiderordnet wegen eines #Schlüsselbeins. LOL.

Ich: LOL

Ich im wirklichen Leben: Mein Kleid ist trägerlos. Es bedeckt weder meine Schultern noch mein Schlüsselbein und reicht noch nicht mal bis zu den Knien. Aber selbst wenn ich wollte, wir können das Kleid nicht zurückgeben, und ich weiß, dass meine Eltern nicht noch ein Kleid bezahlen können.

Pearl: Meine Mutter ist stinksauer.

Liza: Ich werde mein Kleid tragen. Ist mir egal, wenn man mein Schlüsselbein und meine Knie sieht. Dann sollen sie mich rausschmeißen. Ich habe diese Schule satt.

Alle: Geht mir genauso. #METOO

Navya: Ashley, bist du da? Hallo? Ashley?

Ashley antwortet weder jetzt noch später.

Nachsitzen ist ein anderes Wort für:
Mein schlimmster Albtraum wird wahr

Ich hänge hier fest und höre gezwungenermaßen Mr Dern
zu, wie der uns erzählt, dass er die Aufsicht übers Nachsitzen
nur macht, weil er dafür einen Gehaltszuschlag bekommt
und er sich irgendwann einen Range Rover kaufen will.
»Protest-Mädchen«, sagt er. »Es wird Zeit, dass du mit
dem Unsinn aufhörst. Du willst doch in der Highschool keinen schlechten Ruf haben.«

»Was soll denn das heißen?«

»Das weißt du ganz genau.«

Nick kommt hereingerannt. Als er mich sieht, bleibt er
wie angewurzelt stehen. »Warum ist die hier? Ach, stimmt,
ich weiß, warum.«

»Gehörst du zu den namenlosen Schülern, die mich ver-
petzt haben? Oder warst du der Einzige?«

»Du bist schuld, dass ich nachsitzen muss«, sagt er.

Ich werde mich nicht auf einen Streit mit ihm einlassen.

Ich setze mich so nah wie möglich ans Fenster und starre
in den Freundschaftsgarten. Wer immer sich den Ausdruck
›lieb sein‹ ausgedacht hat, musste wohl nicht mit Mr Dern
und Nick nachsitzen.

Aus Derns Handy dröhnt Countrymusik, und er springt
auf, um draußen zu telefonieren. »Alter, wollen wir heute
Abend zum Baseball? Ich habe von meinem Golfpartner

zwei Tickets abgestaubt.« Die Tür schnappt zu, und ich kann aus dem Garten sein gedämpftes, schrilles Lachen hören.

Jetzt bin ich allein mit Nick. Bestimmt fängt er gleich wieder mit dem Flachland an oder mit Rotznase. Vielleicht erfindet er ja sogar wieder was Neues, jetzt, wo er Zeit hat, sich zu entspannen und darüber nachzudenken. Aber er sagt kein Wort. Er hängt über seinem Tisch und tut so, als würde er *Ghost, Jede Menge Leben* lesen, das Buch über den Jungen in der Laufmannschaft. Ich weiß, dass er nur so tut, denn *Ghost* ist echt spannend, und er hat in den letzten sieben Minuten nicht ein Mal umgeblättert.

Ich starre auf die Uhr über Derns Pult und beobachte, wie sich der Sekundenzeiger im Kreis dreht und dreht. Eine von Nicks Händen liegt flach auf dem Tisch, die andere fummelt mit der Seite rum, während er weiter auf sein Buch guckt.

»Wie lang geht das hier noch?«, frage ich schließlich. Die komische Stimmung im Raum ist echt nicht mehr auszuhalten.

Er wendet den Blick nicht von der Seite ab. »Bis drei«, murmelt er.

Und dann macht es in meinem Kopf plötzlich klick.

Nick braucht seine Groupies. Ohne die ist er nicht mutig. Ohne die traut er sich nicht, jemanden zu quälen. Dann ist er nur noch ein hibbeliger kleiner Junge, der mit einem Mädchen in einem leeren Klassenzimmer sitzt und so tut, als würde er lesen. Ein Mädchen, das hibbelige kleine Jungs wie ihn allmählich nicht mehr ertragen kann.

Wie Couchman.
Wie Dern.
Wie ihren eigenen Bruder.

Bären-Knüppel

Als ich in den Garten komme, kniet die Mutter von Violeta, der FMS-Schülerin, die im Irak umgekommen ist, auf einem kleinen Hocker und gräbt unter einem Rosenbusch.

»Hallo«, sage ich und versuche, sie nicht zu erschrecken. Sie blinzelt zu mir hoch, und ich gehe ein Stück zur Seite, damit die Sonne sie nicht blendet. »Was Sie am Memorial Day über Ihre Tochter gesagt haben, war wunderschön. Sie muss ein toller Mensch gewesen sein.«

Sie lächelt. »Ja, das war sie.« Sie steht auf und wischt sich die Hände an ihrer Hose ab. »Gehst du hier zur Schule?«

»Ja. Ich musste heute nachsitzen.«

»Nachsitzen? Wofür muss man denn heutzutage nachsitzen?«

»Also, ich habe ein Paar Plakate aufgehängt, um gegen die Kleiderordnung zu protestieren.«

»Mehr nicht?«

»Nein. Die Mädchen auf unserer Schule werden ständig dafür schikaniert, dass sie Tanktops tragen und Shorts – so ziemlich alles, was normale Leute tragen.«

Sie schüttelt den Kopf. »Wow.«

Mir wird bewusst, dass ich mich gerade bei einer Person über die Kleiderordnung beschwere, die viel Schrecklicheres erlebt hat. »Tut mir leid, dass ich Sie damit zutexte. Ich meine, nach allem, was Sie durchgemacht haben.«

»Nein, nein. Das muss dir nicht leidtun. Ich bin mir sicher, dass Violeta mit dir nachgesessen hätte, da habe ich keine Zweifel. Ich wette, sie lächelt jetzt gerade auf dich herab.«

»Wirklich?«

»Oh, Gerechtigkeit ging ihr über alles. Was meinst du, was sie sich als Frau beim Militär alles anhören musste.« Violetas Mutter beugt sich nach unten und hebt einen Mutmachstein auf, der irgendwie zu den Rosenbüschen gewandert ist. Sie hält ihn hoch und zeigt ihn mir: Darauf steht *DU SCHAFFST DAS* in kräftigen roten Buchstaben. »Guck, ich wette, das ist eine Nachricht von Violeta an dich, Kind.«

Ich nehme den Kieselstein und stecke ihn in die Außentasche meines Rucksacks. »Danke, Violeta«, sage ich und sehe Richtung Himmel, wo flache Sonnenstrahlen durch eine Gewitterwolke strömen.

»Hast du dich damit an die Schulbehörde gewandt? Ich kenne da ein paar Leute. Möglicherweise sind die bereit, sich die Kleiderordnung noch mal genauer anzuschauen.«

»Wir haben eine Petition an den stellvertretenden Schulinspektor geschickt, aber bei der Behörde selbst haben wir es noch nicht versucht. Das hat eine Freundin von mir vor ein paar Jahren gemacht, aber es ist nichts passiert.«

»Da arbeiten inzwischen ganz andere Leute. Ihr solltet versuchen, euer Anliegen nächste Woche auf die Tagesordnung zu setzen. Das kann nicht schaden.«

»Sie haben recht. Das kann nicht schaden. Vielen Dank.« Ich nehme meinen Rucksack und klopfe unten den Dreck ab. »Jetzt muss ich mal nach Hause.«

»Du willst durch den Wald? Da gibt es Bären.«

»Ich bin an sie gewöhnt. Wir gehen uns eigentlich aus dem Weg.«

»Oh nein. Ich komme mit dir mit. Wenn sie ihre Jungen bei sich hat, greift dich die Bärenmama vielleicht an.«

»Sie kennt mich.«

»Das ist mir egal. Sie wiegt an die zweihundert Kilo.«

Violetas Mutter sucht den Holzstoß zwischen Garten und Wald nach einem dicken Knüppel ab. Mir gibt sie auch einen. »Hier, nimm den, nur für alle Fälle.«

Ich kann sie davon überzeugen, auf halbem Weg wieder kehrtzumachen. Aber sie wartet noch, bis ich den Rand von Wills Garten erreicht habe. Wenn man eine Tochter verliert, dann ist es wohl schwer, sich nicht um andere Töchter zu sorgen.

Ich lehne den Knüppel gegen unseren Baumhaus-Baum. Ob die Bärenmutter ihren Kindern wohl sagt, dass sie sich vor uns in Acht nehmen müssen?

Was Ashleys Mutter wichtig ist

Zweieinhalb Stunden bevor ich da sein soll, sagt Ashley meinen Übernachtungsbesuch bei ihr ab. Es ist völlig egal, dass Mom gerade zu Oma losfahren wollte oder dass sie eine Tüte voll mit Ashleys Lieblingsleckereien gepackt hat. Es ist völlig egal, wie sehr ich darauf gehofft habe, mit Ashley klären zu können, warum wir kaum noch miteinander sprechen, seit ich den Podcast angefangen habe. Überhaupt nicht egal ist das, was Ashleys Mutter meiner Mom geschrieben hat. Dass ihr »nicht wohl« ist und sie die Übernachtung »verschieben muss«, damit »Molly zur Abschlussfeier nicht meinetwegen krank wird«. Denn das ist gelogen, das weiß ich.

Sie sagt ab, weil sie nicht will, dass Ashley mit dem Mädchen rumhängt, dessen Bruder der Nikotin-Dealer der Stadt ist. Das würde keinen guten Eindruck machen.

Und Ashleys Mutter möchte nicht mit etwas in Verbindung gebracht werden, das keinen guten Eindruck macht.

Ashley schickt mir ein paar Nachrichten.

Ashley: Bist du sauer auf mich?

Ashley: Tut mir leid, meine Mutter ist voll die Hypochonderin.

Ashley: Vielleicht können wir uns am Sonntag treffen?

Ich: Alles gut, Ash.

Ich möchte über Ashley ablästern, mich darüber aufregen, dass ihre Mutter gemein zu dem Typen ist, der ihren Rasen mäht, und einmal an Halloween einem Kind keine Süßigkeiten gegeben hat, weil es ein Barack-Obama-Kostüm anhatte. Aber dann wäre ich genauso unanständig wie Ashleys Mutter. Und würde ich mich über Ashley aufregen, müsste ich mir eingestehen, dass unsere Freundschaft noch kränker ist, als ihre Mutter vorgibt zu sein.

Ich reiße die Tüte Salt-and-Vinegar-Chips auf, die Mom gekauft hat, weil es Ashleys Lieblingschips sind.

Und dann habe ich eine Idee.

Ich: Hallo, Megan. Ich weiß, dass das vielleicht komisch klingt, und du musst nicht Ja sagen, aber meine Eltern müssen dieses Wochenende verreisen, und Ashley hat mir gerade abgesagt, weil ihre Mutter krank ist. Glaubst du, deine Eltern würden mir erlauben, bis Sonntag bei euch zu pennen?

Megan: Warum klingt das komisch?

Ich: Keine Ahnung.

Megan: Ja, klar. Komm her. Wir bestellen gleich beim Chinesen. Schreib mir noch, was du essen willst.

Ich: Okay. Bin gleich bei euch.

Erwachsene anzurufen und sich erwachsen zu verhalten, ist gar nicht so einfach

Auf der Webseite der Schule suche ich mir die Telefonnummer raus und rufe Mary Lou Louis an, die Sekretärin des stellvertretenden Schulinspektors.

»Äh, hallo. Ich heiße Molly Frost, und ich würde gerne wissen, wie ich etwas auf die Tagesordnung für die Sitzung nächste Woche bekommen kann.«

Pause.

»Was möchtest du denn auf die Tagesordnung bringen?«

»Die Kleiderordnung der Fisher-Mittelschule zu verändern.«

Pause.

»Bist du das Mädchen mit der Petition?«

»Also, ja, meine Freundinnen und ich. Hat er sich die Petition denn schon angeguckt?«

»Dazu melde ich mich noch mal bei dir.«

Lange Pause.

»Sieht so aus, als wäre die Tagesordnung für nächsten Freitag schon voll. Bärenjagd und Kunstrasen.«

»Bärenjagd?« Ich bin schockiert.

»Ja, die Leute haben Angst, dass die Bären jemanden umbringen.«

»Werden sie nicht.«

»Dann würde ich vorschlagen, dass ich dein Anliegen

auf die Tagesordnung für die Sitzung Anfang des nächsten Schuljahres setze.«

»Okay.« Ich will gerade auflegen. »Können wir denn gar nichts tun, um nächste Woche noch auf die Tagesordnung zu kommen?«

»Am Ende der Sitzung gibt es meistens noch etwas Zeit für öffentliche Stellungnahmen. Dann hättest du die Möglichkeit, ans Mikrofon zu gehen und ein paar Worte zu sagen, je nachdem, wie lange die Sitzung dauert.«

»Vielen Dank.«

»Viel Glück.«

Ich muss unbedingt die Bären warnen.

Gute Geister

Mom fährt mich zu Megan und bleibt noch einen Augenblick, um sicherzugehen, dass ihre Eltern keine Serienmörder sind. Dr. und Dr. Birch (kein Wunder, dass Megan so gut in Naturwissenschaften ist) sitzen auf ihrer riesigen Veranda, trinken Tee und lesen. Für Mom heißt das: *Okay. Keine Serienmörder.*

Mom ist dankbar, dass jemand ihr Kind aufnimmt, damit sie Dad und Danny und Oma und Omas Katze Alph besuchen kann (obwohl Mom bestimmt nicht an Alph denkt). Megan freut sich, mir das Farmhaus zu zeigen, das zwischen Apfelplantagen und einem Bauernhof liegt – den jedes Kind aus der Stadt schon einmal besucht hat, um etwas über Tiere zu lernen und frische Eier zu kaufen.

»Ich liebe euer Haus«, sage ich und gucke mir die ganzen interessanten Kunstwerke an der Wohnzimmerwand an. Über dem Kamin hängt ein riesiges Gemälde von einem Heißluftballon. Es macht mich glücklich.

»Danke.« Sie führt mich die Treppe rauf. »Ich bin mir ziemlich sicher, dass es hier spukt, aber es sind gute Geister.«

»Woher weißt du, dass es gute Geister sind?«

»Ich weiß es einfach.«

Megans Zimmer hat gelbe Wände und weiche weiße Bettwäsche, und überall hängen Polaroids. »Verreist du manchmal zusammen mit Graham?«, frage ich und zeige auf ein Bild von den beiden am Strand.

»Unsere Familien fahren jedes Jahr in der letzten Woche der Sommerferien zusammen weg. Das war auf Aruba.«

»Wow.«

Wir wandern durch die Apfelplantagen und über das Farmgelände von Grahams Familie. Auf einem rotbraunen Pferd kommt Graham aus dem Stall geritten.

»Hi, G. Das ist Molly.«

»Tach.« Er tippt sich an sein Basecap.

»Ich habe mit drei Jahren angefangen zu reiten«, sagt Megan. »Es war einfach perfekt, weißt du, weil Laufen mit der spastischen Lähmung ganz schön schwierig war.«

»Hast du ein eigenes Pferd?«

Sie nickt. »Millie ist im Stall ein Stück die Straße hoch. Wir können sie morgen besuchen, wenn du willst.«

Bei Megan zu Hause ist alles so entspannt. Ihre Eltern kochen zusammen. Graham geht ein und aus, sucht sich was zu essen oder hängt auf dem Sofa rum. Ihre Hunde sind kuschelig. Ihre ältere Schwester ist freundlich. Sogar die Geister sind nett. Es ist warm, sicher, gemütlich, und es macht Spaß, hier zu sein. Ich liebe meine Familie, aber ich will von der Birch Farm gar nicht mehr weg.

Es ist mir sogar völlig egal, dass Ashley ein Foto von sich im Einkaufszentrum auf Snapchat postet (mit ihrer ach so kranken Mutter im Hintergrund).

Pferde. Heißluftballons. Frisches Rührei und ein Bild von Megan und mir mit Tonerdemasken im Gesicht, das an ihrer zitronengelben Wand hängt. Alles andere ist unwichtig.

Innerhalb eines Wochenendes werden wir von Laborpartnerinnen zu Doppel-Übernachtungs-Freundinnen. Es ist das beste Wochenende seit sehr, sehr langer Zeit.

»Megan, kann ich dich was fragen?«, sage ich, als wir schlafen gehen, und schlüpfe unter die weiße Decke.

»Ja.«

»Weißt du noch die Liste, die du mir in NaWi gezeigt hast? Wieso greift dich das nicht an? Wieso macht dich das nicht total fertig?«

»Meine Mom sagt immer: Verschwende an solche Leute keine Energie. Denn während Energie weder entsteht noch zerstört werden kann, kann sie umgeleitet werden. Mom sagt, wenn andere furchtbare Sachen zu mir sagen, prallt das von mir ab, und die ganze negative Energie springt auf all die Nicks in dieser Welt zurück. Das ist einfach Physik.«

»Und das funktioniert?«

»Jup. Es funktioniert wirklich.«

Und über Physik lässt sich nach Aussage von Megan nicht streiten.

Seit Anbeginn der Zeit versuchen ältere Mädchen, jüngeren Mädchen mehr Selbstbewusstsein zu vermitteln, indem sie ihnen sagen, dass sie wunderschön sind (meistens funktioniert es)

Ich habe das Vergnügen, mit Nick, Mr Dern, einem Mädchen namens Luise, das aus Spaß Leute boxt (und blaue Flecken hinterlässt), und acht Jungs aus der siebten Klasse, die man beim Vapen in Mr Lus Abstellkammer erwischt hat, gemeinsam nachzusitzen.

Als ich mitkriege, dass wir Musik hören dürfen, verändert das alles. Ab dann gibt es nur noch mich, meine Mathehausaufgaben und Dads klassischen Rolling-Stones-Mix, alles andere blende ich bis 15 Uhr aus. Dann stürze ich nach draußen und treffe auf Liza, die den Bus verpasst hat.

»Wie ist Nachsitzen denn so?«, fragt Liza, als wir durch den Freundschaftsgarten Richtung Wald gehen.

»Es fühlt sich genauso an, wie wenn man in Kaugummi tritt, gegen eine Glastür rennt, einen ganzen Joghurtbecher verschüttet und ein Haar im Essen hat. Gleichzeitig.«

»Hm. Klingt ja toll.«

Mom ist noch auf dem Rückweg von Oma. Sie wollte mit zu Dannys Arzttermin, also bin ich von Megan zu Will und von Will zur Schule gegangen.

Als Liza und ich bei mir zu Hause sind, durchstöbern wir die Küche nach etwas Essbarem und finden drei Erdnussriegel, zwei Bananen und Wasser. Ich weiß noch, wie Liza mir mal gesagt hat, dass es bei mir zu Hause immer lecker riecht. Das ist heute bestimmt nicht mehr so.

»Baumhaus?«, frage ich.

»Auf jeden Fall.«

Wir warten auf der hinteren Veranda, weil genau in dem Moment Mama-Bär mit ihren Jungen durch unseren Garten wandert. Liza macht und verschickt Hunderte von Fotos, bis ihre Mutter anruft und sie anschreit, dass sie sofort reingehen soll.

»Werden sie mich auffressen?«, fragt Liza.

»Nein. Vogelhäuschen und Mülltonnen mögen sie lieber.«

Wir beobachten, wie sie im Wald hinter Wills Haus verschwinden. »Keine Sorge, falls nötig, haben wir einen Bärenknüppel.« Ich zeige auf den dicken Stock, der am Baumstamm lehnt. Liza rast auf den Baum zu und nimmt ihn an sich.

»Willkommen im Hauptquartier«, sage ich, als wir durch die Falltür kriechen.

»Unsere Plakate sehen so gut aus.« Abgesehen von Will und mir hat niemand hier so viel Zeit verbracht wie Liza. »Diese blöde Abschiedsfeier löst in mir den Wunsch aus, mich so unanständig wie möglich anzuziehen.«

»Ja, oder? Es treibt einen zur Weißglut.«

Liza schüttelt den Kopf. »Wir ziehen das an, was wir anziehen. Und ich hoffe, wir werden rausgeschmissen. Bei der Abschiedsfeier meines Bruders hat Couchman nämlich zwanzig Minuten davon geschwafelt, dass Baseball eine Metapher des Lebens ist. Es war die Hölle.«

Wir hören uns den Podcast an, in dem ich mich gegen Dr. Couchman behaupte. Wegen mir müssen jetzt alle ihr Handy in einen Beutel tun, der an einem Haken über dem *Ich liebe Jim*-Stuhl hängt, bevor sie zu Couchman ins Büro gehen. Und auch wegen mir ist @NichtInOrdnungeinKleiderPodcast ziemlich beliebt geworden.

Jessica, die aus der Zwölften, und ihre Freundin tauchen ein paar Minuten vor vier Uhr im Baumhaus auf.

»Du kennst doch noch Jasmine?«, fragt Jessica.

»Hallo, Mädels. Nett, euch zu sehen.« Wenn Jasmine ein Tier wäre, dann eine Mischung aus Hundewelpe, Häschen und Kolibri.

»Du bist ja hübsch«, sagt Liza.

»Vielen Dank. Du auch«, sagt Jasmine. »Wow. Wunderschön seid ihr beiden.«

Liza und Jessica lehnen sich gegen die Wand und warten darauf, dass Jasmine ihre Geschichte erzählt.

»Grüß Danny von mir.« Jasmine lächelt. »Er war mein allererster Pseudofreund.«

»Echt? Ich wusste gar nicht, dass Danny Freundinnen hat, noch nicht einmal Pseudofreundinnen.«

Sie lacht. »Das war in der dritten Klasse, und er hat mir Puddingsuppe gebracht. Er hat Kakao in Schokoladenpudding gegossen und umgerührt und mir das Ganze dann in einer Thermoskanne gebracht, auf der *Thomas, die kleine Lokomotive* war. Es war sehr lecker.«

»Wow. Mein Bruder erstaunt mich immer wieder.«

»Er war ein netter Junge.«

Mir hat Danny nie Puddingsuppe gemacht.

Nicht in Ordnung: ein Kleider-Podcast
Episode sieben

Ich: Hallo, Fisher-Mittelschule und alle anderen da draußen. Hier ist Molly Frost, und ihr hört *Nicht in Ordnung: ein Kleider-Podcast*, Episode sieben. Also, Jasmine, magst du uns ein wenig von dir erzählen?«

Jasmine: Ich bin in der Ruder-Mannschaft und hänge viel mit dem Team rum. Nächstes Jahr gehe ich an die UCLA, die University of California, und will Anwältin für Umweltrecht werden. Und ich will unbedingt surfen lernen. Mein Freund wird auf die University of Connecticut gehen. Er kommt ins Programm für Hochbegabte. Ich weiß nicht. Das war's wohl.

Ich: Toll. Und an der Fisher-Mittelschule bist du also gekleiderordnet worden?

Jasmine: [lacht] Jeden zweiten Tag. Die Fingerspitze hat sofort damit angefangen, und keine wusste mehr, was sie anziehen soll. Wir hatten uns lauter Klamotten gekauft, und unsere Eltern waren echt genervt, weil wir die meisten gar nicht anziehen konnten.

Ich: Haben deine Eltern irgendwas gesagt?

Jasmine: Sie haben sich nur beschwert, dass sie ihr Geld für Klamotten verschwendet haben, die wir nicht anziehen durften. Eigentlich haben sie es an uns ausgelassen.

»Jup«, platzt es aus Liza heraus.

Ich: Gibt es einen konkreten Vorfall, von dem du uns erzählen willst?

Jasmine: Ein paar Tage vor Ende des Schuljahrs bin ich mit meinen Freundinnen zum Strand gefahren und hatte richtig schlimmen Sonnenbrand auf den Schultern und der Brust. Es hat so wehgetan, dass ich nicht schlafen konnte. Ich musste Schmerzmittel nehmen, es war die Hölle. Es war so schlimm, dass ich erst nur in einem trägerlosen Top rumgelaufen bin. An dem Montag habe ich zur Schule ein Tanktop angezogen. Der Sonnenbrand tat noch immer weh, und gejuckt hat er auch.

Ich: Das klingt furchtbar.

Jasmine: Ja. War es. Benutzt Sonnencreme, Mädels. Es fällt mir echt schwer das zu erzählen, weil es so peinlich war, aber als ich dann in der ersten Stunde saß, steckte Dr. Couchman seinen Kopf durch die Tür und bat mich, mit in sein Büro zu gehen. Ich weiß noch, dass er vor mir ging und nicht ein Wort gesagt hat. Und als wir sein Büro erreicht hatten, hat er die Tür zugemacht und ...«

Ihre Augen füllen sich mit Tränen, und Jessica setzt sich vor sie auf den Boden und nimmt ihre Hände.

Jasmine: Er hat so getan, als ob er etwas liest, bis die Fingerspitze ins Zimmer kam. Sie hat mich angeguckt, als wäre ich die widerlichste Kreatur auf Erden, und hat mich

227

gefragt, warum ich keinen BH trage. Und Couchman saß einfach da mit seiner blöden laminierten Kleiderordnung.

»Nein!«, ruft Liza. »Das ist nicht in Ordnung.«

Jasmine: Ich war echt schockiert. Ich wusste nicht, was ich machen sollte. Ich habe irgendwas von Sonnenbrand gemurmelt und dass die Träger wehtun. Die Fingerspitze hat gesagt, ich würde wegen des trägerlosen Tops nicht nur gegen die Kleiderordnung verstoßen, sondern ich sei auch noch höchst unanständig, weil ich keinen BH trage, und dass meine Eltern mir entweder einen bringen oder mich mit nach Hause nehmen müssten.

Ich: Oh, Jasmine, es tut mir so leid, dass sie dich so behandelt haben.

Ich muss sie nicht fragen, wie sie sich dabei gefühlt hat. Wir alle wissen es. Wie ein kleines Insekt, das man wegschnippt. Wie ein kleines Insekt, das zertreten wird. Wie ein kleines Insekt ohne BH.

Jasmine: Ich weiß noch, wie ich in mich zusammengesunken und in den Stuhl reingekrochen bin, weil ich so beschämt war. Ich bin aus dem Büro rausgegangen und habe beim Telefonieren mit meiner Mom angefangen zu weinen. Mrs Peabody hat immer wieder gesagt: »Aber nicht doch«, und ich fand das so bescheuert.

Meine Mom hat mich abgeholt, und ich durfte zu Hause bleiben, bis der Sonnenbrand weg war. Am letzten Tag musste ich noch mal in die Schule gehen, um mein Schließfach auszuräumen und so. Ich hatte wahnsinnige Angst, Couchman oder die Fingerspitze zu treffen.

Ich: Hat sich deine Mutter bei der Schule beschwert?

Jasmine: Nein. Aber sie ist mit mir ins Nagelstudio gegangen, und ich durfte so viel fernsehen, wie ich wollte. Und ich musste nicht zur Abschiedsfeier. Darüber war ich froh, aber ...

Ich: Aber was?

Jasmine: Aber ich bin dann kaum noch aus dem Haus gegangen. Ich war die ganze Zeit davon gestresst, wie ich aussehe. Ich meine, das war ich auch schon vorher, aber dann wurde es richtig schlimm. Es hat echt lange gedauert, bis ich mich in meiner Haut wieder wohlgefühlt habe. Ich finde das immer noch schwierig.

Ich: Aber du bist so schön.

Jasmine: Das sagen immer alle, und ich weiß das zu schätzen, wirklich. Aber es ist einfach schwer, nicht ständig auf sich selbst rumzuhacken und nicht nur die Sachen zu sehen, die man an sich nicht mag. Jedenfalls werde ich nie vergessen, was in diesem Büro passiert ist. Ich will nicht, dass sich irgendjemand je wieder so fühlen muss.

Ich: Danke, dass du uns das erzählt hast, Jasmine.

Jasmine: Danke, dass du das hier machst, Molly.

Verstreute Asche

Wut und Scham haben unser Hauptquartier in Brand gesetzt.
Es brennt lichterloh. Stückchen von Jasmines Seele fliegen
mit der Asche durch die Luft. Stückchen all unserer Seelen.
Wenn Asche auf den Boden fällt, dann gedeihen Gärten.

Das kann nicht schaden

Liza kommt mit mir zum letzten Lacrosse-Spiel in der Mittelschule. Sie hat den Bärenknüppel dabei, und ich überlege, ob Violetas Mutter vielleicht einen Bärenknüppel-Handel gründen sollte.

»Ich vermisse das Baumhaus«, sagt Liza. »Wir haben da immer so viel Spaß gehabt.«

»Oh ja. Das war der beste Sommer. Weißt du noch, die Nacht, in der es so geregnet hat und wir diesen schleimigen Frosch für zwei Stunden oder so gejagt haben?«

»Den glitschigen Herrn Froschmann habe ich ja total vergessen. Wir haben ihn nie gekriegt.«

»Lass uns diesen Sommer ganz viel zusammen machen.«

»Ja. Ich vermisse meine Molly. Ich vermisse sogar Will, meinen Erzfeind.«

»Er hat dich nicht gehasst. Er war nur eifersüchtig.«

»Schon kapiert. Ich habe dich geklaut.«

»Unser kleiner Will fängt an, Mädchen zu mögen. Das ist richtig süß.«

»Kann jedem passieren.«

Mom taucht gerade rechtzeitig zu Spielbeginn auf. Sie setzt sich zu Navyas Mutter, aber da hätte sie auch genauso gut allein sitzen können, den Navyas Mutter kann nicht anders, als das ganze Spiel lang zu brüllen und zu schreien. Navya ist inzwischen daran gewöhnt.

Ich weiß nicht, ob es an der Wut liegt, die ich wegen Jasmines Interview immer noch im Bauch habe, daran, dass es heute ungewöhnlich kühl ist und ich deswegen besser rennen kann, oder ob es einfach Glück ist, aber ich spiele besser als je zuvor in meinem Leben. Sogar Mom steht ein paarmal auf und jubelt, und Mom hasst Sport.

Navya sieht, wie ich über das Feld tobe, und wirft mir einen Blick zu. Es ist fast so, als würde die Zeit stehen bleiben. Meine Freundin muss gegen all ihre Instinkte ankämpfen, um nicht selbst auf das Tor zuzustürmen, sondern stattdessen ihrer früheren Hinterhof-Schülerin eine Chance zu geben. Sie wirft. Ich fange (Wunder Nummer eins), renne zur Überraschung des Mädchens aus der anderen Mannschaft nach rechts, und dann, ohne wirklich nachzudenken, schieße ich. Und ich treffe (Wunder Nummer zwei).

Wir gewinnen nicht, und Navya macht auf dem ganzen Weg zum mexikanischen Restaurant ihr trauriges Entengesicht, aber ich habe das erste Tor meiner Lacrosse-Karriere geschossen.

Wir essen Nachos mit Avocado-Dip, als Lizas Mutter auftaucht und sich neben mich und Liza quetscht. Sie erzählt Navyas und meiner Mom von Jasmines Podcast, und die hören ihr mit großen Augen zu.

»Ich wusste nicht, dass es so schlimm ist.« Navyas Mutter schüttelt den Kopf. »Gut, dass ihr Mädchen da bald nicht mehr hinmüsst.«

Ich starre auf die Chips auf meinem Teller.

»Ja, und? Wir sind dann weg, und in ein paar Jahren berichten wir von unseren Erfahrungen, wenn die nächste Achtklässlerin einen Podcast startet, weil sich nichts geändert hat?«, sagt Liza. »Das ist nicht in Ordnung.«

»Habt ihr denn irgendetwas wegen der Petition, die ihr an den stellvertretenden Schulinspektor geschickt habt, gehört?«, fragt Mom und hebt den Arm, um noch mehr Avocado-Dip zu bestellen.

Navya und ich schütteln den Kopf.

»Ich könnte mit der Schulbehörde sprechen«, sagt Navyas Mutter. »Vielleicht sind sie bereit, die Schulordnung zu ändern.«

»Das habe ich versucht.« Ich trinke einen Schluck Limonade. »Sie haben gesagt, wir müssen bis zum nächsten Schuljahr warten, bis sie es auf die Tagesordnung setzen, aber falls am Ende der kommenden Sitzung genug Zeit ist, können wir es dann ansprechen.«

»Möchtest du, dass ich noch mal da anrufe und dafür sorge, dass genug Zeit sein wird?«

Ich nicke. »Das kann nicht schaden.«

(Oder doch?)

Unsere Mütter unterhalten sich leise, aber wir wissen, dass sie über uns reden und über Dr. Couchman und die Kleiderordnung. Ich hoffe, sie sprechen auch darüber, warum sie bisher weder etwas gesagt noch getan haben, um es für alle Töchter auf der Fisher-Mittelschule leichter zu machen.

Zur Tagesordnung

Navyas Mutter versucht, die Kleiderordnung noch auf die Tagesordnung der letzten Sitzung in diesem Schuljahr zu bekommen. Aber die Sekretärin sagt ihr dasselbe wie mir: Da darüber diskutiert werden muss, ob das Sportfeld einen Kunstrasen aus Gummigranulat bekommen soll, ist kein Platz mehr auf der Tagesordnung. Außerdem müssen sie ja noch abwägen, ob sie die Bären auf dem Schulgrundstück ermorden sollen oder nicht.

»Und Sie können nicht fünf Minuten erübrigen, um die Mädchen anzuhören?«, fragt Navyas Mutter.

»Nein, tut mir leid. Entweder müssen sie versuchen, sich am Ende der Sitzung noch zu Wort zu melden, oder warten, bis sie nächstes Jahr auf der Tagesordnung stehen.«

Der 217-Personen-Gruppenchat
nimmt eine üble Wendung

Plötzlich verlangen die Eltern, die den Campingausflug organisieren, fünfundzwanzig Dollar pro Kind, um Essen und anderen notwendigen Kram zu kaufen. Das führt dazu, dass einige Eltern sich beschweren, und dann beschweren sich wiederum die Eltern, die alles organisieren, da sie schließlich die größte Last tragen würden (was immer das heißen soll). Und all das Drama der Eltern färbt natürlich auf die Kinder ab.

Jack: Das wäre alles nicht passiert, wenn Olivia uns nicht die Klassenfahrt versaut hätte.

Rahul: Das hat nix mit Olivia zu tun.

Jack: Natürlich hat es das.

Emma: Couchman hätte einen anderen Grund gefunden, um die Klassenfahrt zu streichen, und das weißt du ganz genau.

Nick: Olivia ist schuld. Tampon-Versagerin.

Aus 217 werden 216 Teilnehmer. Ich schreibe Olivia.

Ich: Alles okay?

Olivia: Ja.

Ich: Wollen wir uns am Donnerstag nach dem Nachsitzen treffen? Saure Schnüre?

In der fünften Klasse haben Olivia und ich fast jeden Tag Saure Schnüre gegessen.

Olivia: Gerne.

Liebesbotschaften

Mitten im Unterricht bekomme ich eine Nachricht von Mom. Es hat in der Nähe wieder eine Schulschießerei gegeben: Molly, du sollst wissen, wie sehr ich dich liebe, und denk daran, falls das in eurer Schule passiert, bleib aufmerksam und hör auf dein Bauchgefühl. Sei vorsichtig. Ich liebe dich.

Fünf Minuten später bekomme ich eine Nachricht von Dad: Wollte dir nur sagen, dass ich an dich denke, Molls. Hoffe, alles ist gut. Bin bald wieder zu Hause. Ich liebe dich.

Ich bin nicht die Einzige, die von ihren Eltern Liebesbotschaften bekommt.

Nach einer Weile bittet uns Ms Lane, die Handys auszuschalten.

So viel Liebe wird allmählich auch zum Störfaktor.

Beas letzte Mahlzeit mit Zahnspange

Beim Mittagessen reden alle über den Campingausflug. In vier Tagen soll es losgehen, und ein paar Eltern drohen damit, ihre Kinder nicht mitfahren zu lassen, da »fünfundzwanzig Dollar ganz schön happig« sind. Mom findet es auch happig, will aber, dass ich noch was Schönes unternehme, bevor Danny am Sonntag nach Hause kommt.

»So teuer ist es auch nicht«, sagt Ashley. »Ein Frühstück bei Starbucks kostet genauso viel.«

Navya sieht Ashley an. »Du weißt schon, dass es auch Menschen gibt, die nicht jeden Tag bei Starbucks frühstücken, oder? Und dass es Menschen gibt, für die es ganz schön teuer ist, Schlafsäcke, Taschenlampen und all den anderen Kram zu kaufen, den man zum Zelten braucht. Echt, Ashley.«

»Ich glaube kaum, dass die Leute auf der Fisher-Mittelschule so knapp bei Kasse sind«, sagt Ashley.

Ungläubig starren wir sie alle an.

»Ich bezahle das alles selbst«, sagt Bea. »Meine Eltern wollen sowieso nicht, dass ich mitfahre. Sie würden das als Vorwand nehmen, mich nicht fahren zu lassen.«

»Warum wollen sie nicht, dass du fährst?«, fragt Navya.

»Sie haben Angst, ich könnte vapen oder jemanden küssen oder so was.«

»Vapen wirst du nicht, aber man weiß ja nie, was sonst

alles passieren könnte«, sagt Navya mit hochgezogenen Augenbrauen. »Heute kommt deine Zahnspange ab.«

»Ich gebe meinem Mund erst mal die Möglichkeit, sich zu entspannen, bevor er auf andere Münder trifft«, sagt Bea.

»Worüber reden wir eigentlich?« Tom sagt so selten was, dass wir manchmal vergessen, dass er auch noch da ist.

»Den Campingausflug«, sage ich.

»Welcher Campingausflug?«

Jetzt weiß ich, wer von Anfang an nicht im 217-Personen-Gruppenchat dabei war.

»Unsere Jahrgangsstufe geht dieses Wochenende zelten«, sagt Bea. »Du solltest auch mitkommen.«

Tom runzelt die Stirn, und ich weiß nicht, ob er verwirrt oder verletzt ist. »Ja. Das macht bestimmt Spaß.« Er beißt in sein Sandwich.

Bea und Navya schauen mich an.

»Möchtest du denn fahren, Tom? Du kannst gerne mit uns kommen«, sagt Navya. »Also, nicht in unser Zelt, aber du kannst mit uns abhängen.«

»Ich muss meine Mutter fragen.«

Ich schmeiße mein halbes Mittagessen weg und renne durch die Schulmensa auf der Suche nach Will.

»Ist was passiert?«, fragt er

»Nein. Sag mal, würdest du dir mit Tom ein Zelt teilen? Niemand hat ihm von dem Campingausflug erzählt, und ich habe ein ganz schlechtes Gewissen.«

»Ich teile mir mit Clay und Chen ein Zelt.«

»Passt da nicht noch einer rein?«

»Wie wäre es, wenn ich einfach zu Hause bleibe, weil ich Zelten hasse?«

»Du kommst mit.«

»Okay. Ich sage Chen, er soll das große Zelt mitbringen.«

»Ich liebe dich.«

»Wenn du mich lieben würdest, würdest du mit Pearl reden.«

Weil ich dich liebe, werde ich dir nie und nimmer erzählen, dass Pearl gar nichts mit dir zu tun haben will.

»Ich habe vor, mit ihr auf dem Campingausflug zu reden.«

»Wehe, wenn nicht.«

Ein Brief, den ich nie abschicken würde, weil ich nicht grausam bin

Lieber Tom,
im dritten Schuljahr wirst du das einzige Kind sein, das die gesamte Klasse zu seinem Geburtstag ins Jump House einlädt und bei dem alle sofort zusagen und auch tatsächlich kommen. Weil du nämlich cool bist (so cool, wie man in der dritten Klasse eben sein kann). Du kannst einen Fußball richtig weit schießen. Du weißt alles über Elefanten und Pelikane. Du hast immer Pflaster dabei, falls jemand eins braucht (und du selbst scheinst immer eins zu brauchen). Und die Lehrerin gibt dir eine Woche lang Hausaufgaben-frei, weil du Kassiopeia, die Klassen-Schildkröte, wiedergefunden hast. (Gibt es irgendwo eine Klassen-Schildkröte, die nicht Kassiopeia heißt?)
Die dritte Klasse wird richtig toll für dich, Tom. Und dann wird etwas ganz Furchtbares passieren. Am Martin-Luther-King-Wochenende wirst du in Vermont Skifahren gehen. Du wirst die Kontrolle verlieren und mit dem Kopf auf einen Stein fallen. Sieben Wochen lang wirst du im Krankenhaus schlafen, und wenn du dann aufwachst, wirst du weder laufen noch selbst essen können. Du wirst dir jeden Tag unglaubliche Mühe geben, um alles wieder neu zu lernen.

Fast alles. Du wirst nie wieder lernen, cool zu
sein.
Zehn Monate nach deinem Unfall wirst du wieder die
gesamte Klasse zu deinem Geburtstag einladen. Deine
Eltern werden ein ganzes Kino dafür mieten und Berge
von Popcorn und literweise Limonade kaufen.
Nur zwei Kinder werden kommen.
Sie sagen, durch den Unfall hättest du ein »Schädel-
Hirn-Trauma« bekommen.
Und seitdem bist du unsichtbar.

Leute, diese Leistengedichte, die ihr in der zweiten Klasse schreiben musstet, könnten sich eines Tages als nützlich erweisen

Als ich vom Nachsitzen nach Hause komme, warten frisch gebackenes Sauerteigbrot, Käse und Feigenaufstrich auf mich. Seit Dad und Danny weg sind, summt Mom vor sich hin, backt, tauscht sich mit ihren Freundinnen aus der Anti-Vaping-Gruppe aus, jätet Unkraut und spielt mit Tibby Tauziehen. Sie geht zu Vorträgen in die Bibliothek und lernt da zum Beispiel, dass Perlhühner und Opossums viel besser bei Zecken helfen als Chemie, und sie fragt mich, ob ich Hilfe beim Lernen für die Abschlussprüfung brauche.

Seit Danny weg ist, blüht Mom richtig auf.

Ich nehme mir Brot, Käse, Feigenaufstrich und Eistee mit ins Baumhaus und sortiere all meine Mappen und Hefte. Um fünf Uhr wird Megan vorbeigebracht, und wir mühen uns ab, um sie die Leiter hochzubekommen. Sie lacht, was mich auch zum Lachen bringt, und Tibby steht unten auf dem Rasen und winselt, weil er auch mit hochwill.

»Das ist ja fantastisch«, sagt sie und schaut sich im Hauptquartier um. »Ich würde auch gerne ein Plakat machen.«

»Na, dann los.« Ich gebe ihr den Kasten mit Papier und Stiften. Sie arbeitet vor sich hin, während ich die Themen für NaWi noch mal gründlich durchgehe.

»So«, sagt sie und isst ein Stück Cheddar. »Wie findest du das?«

Sch ändliche
I diotische
K leiderordnung!
A ufhören!
N ein!
E s reicht!

»Einfach perfekt!«
»Nicht zu hart?«
»Nicht mal annähernd.«

*

Weil ich noch lange lerne, gehe ich viel zu spät ins Bett und bin am nächsten Morgen todmüde und schlecht gelaunt. Als Mom mich vor der Schule absetzt, klingelt es schon, und ich renne zu meinem Schließfach, um meinen Glücksbleistift zu holen, den mit dem Panda-Radiergummi.

»Langsam, langsam.« Hinter mir höre ich eine bekannte Stimme. »So kurz vor Ende des Schuljahres solltest du eigentlich inzwischen wissen, dass du so angezogen hier nicht zu erscheinen hast.«

Die Fingerspitze sieht mich an, als wäre ich eine Fliege in ihrer Suppe.

Ich weiß gar nicht mehr, was ich heute früh angezogen

habe. Seit Wochen verstoße ich gegen die Kleiderordnung, und nie hat jemand etwas dazu gesagt. Ich werde nie gekleiderordnet. Ich gehöre zu den Unsichtbaren.

»Tut mir leid. Kommt nicht wieder vor.« Obwohl ich mir für diesen Moment vorgenommen hatte, so viel anderes zu sagen, habe ich jetzt keine andere Wahl, als mich zu entschuldigen. Sonst komme ich gleich zu spät zu meiner Abschlussprüfung.

»Na los. Ab mit dir zu Schulleitung.«

»Bitte …« Mir wird klar, dass ich keine Ahnung habe, wie sie wirklich heißt. »Ma'am. Ich darf meine Abschlussprüfung nicht verpassen. Es tut mir echt leid.«

Sie verdreht die Augen. »Ihr Kinder treibt mich in den Wahnsinn. Euch allen fehlt es an Selbstachtung. Hier.« Sie zieht ihre berüchtigte weinrote Strickjacke aus und gibt sie mir. »Bring sie mir am Ende des Schultages zurück. Und gern geschehen.«

Ich bekomme Bauchweh. Die schlimmste Art von Bauchweh. Die, die aus einer Mischung von rasender Wut und Demütigung entsteht. »Danke.«

Sie sieht mir zu, um sicherzugehen, dass ich ihre riesige Alte-Frauen-Strickjacke, die nach Zigaretten und faulenden Früchten stinkt und voller Katzenhaare ist, auch wirklich anziehe. Ich renne den Flur hinunter, meinen Bauch fest umklammert, und rutsche an meinen Platz, gerade als Mr Lu die Tests verteilt.

Megan sieht mein weinrotes Gesicht und die dazu passende Strickjacke und wirft mir einen Blick zu, der besagt:

Was ist los? Ich schüttele den Kopf und starre auf die leere Seite vor mir.

Und meinen Glücksbleistift mit dem Panda-Radiergummi habe ich gar nicht holen können.

Mir ist heiß, alles juckt, ich habe Bauchweh und kein Glück.

Aber ich bin endlich gekleiderordnet worden (obwohl ich es gar nicht darauf angelegt hatte).

Was für ein Pech, dass es jetzt zu spät ist, etwas dagegen zu tun.

Was großartige Lehrer auf dem Flur zwischen den Unterrichtsstunden sagen

- Ich habe gehört, du warst super beim Spiel gestern.
- Ich bin sicher, du wirst eines Tages den Nobelpreis bekommen.
- Bitte, bitte, reich unbedingt noch mehr Gedichte für unsere Literaturzeitschrift ein.
- Hey, kannst du das Titelblatt für die Einladung zu unserer Abschiedsfeier gestalten?
- Du warst dieses Jahr wirklich fleißig. Du sollst wissen, dass ich das gemerkt habe und stolz auf dich bin.
- Danke, dass du dich um die neue Schülerin gekümmert hast. Sie wird das nicht vergessen.
- Ich weiß, dass du es gerade schwer hast. Falls du reden willst, bin ich immer für dich da.

Was großartige Lehrer
damit eigentlich sagen wollen

- Du bist engagiert.
- Du bist klug.
- Du bist kreativ.
- Du bist begabt.
- Du bist keine Ablenkung.
- Du bist gut.
- Du bist ein Mensch.

Zurückherzen

Ich weiß nicht, was ich von meinem letzten Tag beim Nachsitzen erwarte. Mr Dern wird mich wohl kaum mit einem Frappuccino und einer Bescheinigung begrüßen, auf der steht:

Hiermit bestätige ich feierlich, dass das Protest-Mädchen / die Schul-Sachbeschädigerin ihr Soll erfüllt hat und nicht mehr nachsitzen muss.

Olivia und Pearl gehen zusammen mit mir hin. Danach wollen wir in den Laden gegenüber der Tankstelle, um Saure Schnüre zu kaufen. Komisch, dass uns ein schrecklicher Vorfall wieder zusammengebracht hat. Ich bin froh, sie wieder in meinem Leben zu haben.

»Dürfen wir Freundinnen zum Nachsitzen mitbringen, wenn die versprechen, nichts zu sagen?«, frage ich Mr Dern. Mir wird plötzlich klar, dass ich Olivia nicht gesagt habe, dass Mr Dern die Aufsicht beim Nachsitzen hat und sie bestimmt nicht eine Stunde lang den Typen anstarren will, der sie so runtergemacht hat.

»Nein. Das ist absurd«, sagt er und öffnet seine Zeitung auf der Sportseite.

»Wir treffen uns in einer Stunde im Garten«, sage ich ihnen. Ein paar Minuten später sehe ich sie auf der Bank neben dem Fliederbusch sitzen.

Nick ist nicht mehr da. Es sind nur ich und die Vaper aus der Siebten, die alle auf ihren Handys spielen, und Talia, die auch in der Siebten ist und mit unserem Bus fährt. Sie ist mitten im Schuljahr aus Trinidad hierhergezogen. Mary Kate und ich haben eine Weile gebraucht, bis wir Trinidad auf der Karte in meinem Geschichtsbuch gefunden haben.

»Hi, Talia. Warum bist du denn hier?«

Talia redet selten. Ich weiß gar nicht, wie ihre Stimme klingt.

»Ich habe Mr Buechler bei der Chorprobe Widerworte gegeben.«

»Echt?«

Sie lässt sich auf einen Stuhl fallen und wedelt sich mit ihrem Ordner, auf dem glänzende Eiswaffeln abgebildet sind, Luft zu. »Ich war ziemlich sauer.«

»Was ist passiert?«

Dern hat Kopfhörer auf und klopft mit dem Fuß den Takt zu irgendeinem mittelalterlichen Lied, das ihn bestimmt an seine wilde Jugend erinnert.

Sie flüstert: »Fällt es unter gekleiderordnet werden, wenn man zur Schulleitung geschickt wird, weil die Haare zu sehr hochstehen?«

Sie erzählt mir ihre Geschichte. Ich kann kaum fassen, was sie da sagt. Ich frage sie, ob sie zum Hauptquartier kommen und das Ganze noch mal für den Podcast erzählen will.

»Wenn du glaubst, dass es was bringt.«

Das weiß ich nicht. Aber die Leute müssen wissen, was an dieser Schule abgeht.

»Kann ich dich umarmen, Talia?«

Sie wirkt überrascht. »Klar.«

Ich rutsche mit dem Stuhl zu ihr rüber, lege beide Arme um sie und drücke sie ganz fest.

Ein winziges Stückchen ihrer Seele ragt heraus, und ich will es wieder zurückherzen.

Der Mutmachstein der Weisen

Ich sitze mit Olivia und Pearl auf der Bank. Sie geben mir eine Tüte mit Sauren Schnüren.

»Ooh. Ihr habt sie ja schon besorgt!«

»Das war ja wohl das Mindeste, was wir tun konnten«, sagt Olivia.

Ich erzähle ihnen von Talia.

»Das macht mich so wütend, dass ich völlig gaga werde«, sagt Pearl. »Das alles ist so was von nicht in Ordnung.«

»Für uns ist es fast vorbei«, sagt Olivia.

»Ja, aber nicht für Talia«, sage ich. »Und auch nicht für Mary Kate und Lucy und all die anderen in der siebten Klasse.«

Ich rolle eine Saure Schnur zu einem Ball und stecke sie mir in den Mund. Die Bienen summen um uns herum, und ein riesiger Schmetterling landet auf dem Rosenbusch neben uns. »Es ist schön hier«, sage ich. Die beiden nicken.

Wir öffnen den Gruppenchat der weißen Kleider. Es geht nur noch um den Campingausflug. Ashley und Navya packen schon. Der Bus fährt am Samstagmorgen um 11 Uhr vom Parkplatz vor der Bibliothek los. Bea schickt ein Foto von ihren befreiten Zähnen. *Wunderschön*, schreiben wir alle.

Pearl schreibt: *Ich bin als Nächste dran.*

Dann beginnt eine neue, metallfreie Ära.

Mrs Tucker kommt mit einer Gruppe Sechstklässler um die Ecke. Die Tucker-Touren hatte ich schon fast vergessen.

Traditionellerweise führt Mrs Tucker Gruppen von Sechstklässlern durch die Mittelschule und nimmt sie dann mit in ihren Kursraum, wo sie ihr eigenes Studentenfutter mischen und eine offizielle Playlist für ihre Klasse erstellen.

»Es kommt mir vor, als wäre unsere Tucker-Tour vor einem Jahrhundert gewesen«, sagt Pearl.

Wir sehen zu, wie die Sechstklässler sich in Zweier- und Dreiergruppen über den Garten verteilen. Ein Kind wandert allein durch die Gegend. Mrs Tucker winkt uns zu sich. Wir stopfen die Sauren Schnüre zurück in die Tüte und gehen widerstrebend zu dem Berg von Mutmachsteinen.

»Wollt ihr Mädchen unseren Besuchern von unserem Freundschaftsgarten erzählen?«, fragt sie und rückt ihre Kette mit winzigen Mutmachsteinen zurecht.

Ich glaube, Mrs Tucker hat keine Ahnung, was mit Olivia passiert ist und mit all den anderen Mädchen auf der Fisher-Mittelschule. Sie ist wunderbar, aber sie lebt im Mutmachsteine-Land.

Olivia schaut mich an. »Also, am ersten Schultag dürft ihr einen Stein mitbringen. Dann schreibt ihr etwas drauf, das euch inspiriert, ein Wort oder ein Zitat, das euch dann durch die Mittelschule begleitet.«

Mrs Tucker strahlt vor Freude. »Ziemlich gut, nicht wahr?«

»Ich weiß, was ich schreiben werde«, sagt ein Mädchen. »Soll ich es sagen, oder ist es geheim?«

»Schieß los«, sagt Mrs Tucker.

»Der Stein der Weisen.«

»Das ist perfekt.« Mrs Tucker klatscht sie ab.

»Mal wieder superoriginell«, flüstere ich Pearl zu. Sie lacht.

Die Kinder fangen an, wie wild durch den Garten zu rennen, schreien ihren Lieblingsspruch heraus, schnüffeln an den Rosen, schubsen sich gegenseitig und jagen die Schmetterlinge. Olivia wird ganz still. Mit den Ellbogen auf den Knien sitzt sie auf der Bank. Tränen fallen ins Gras.

»Was ist los?«, fragt Pearl und legt ihren Arm um Olivia.

»Sie freuen sich so darauf, hier anzufangen. Und sie haben keine Ahnung, was auf sie zukommt. Wie man aussehen muss und wie man sich anziehen muss und was für ein Stress das neben all dem anderen Drama ist.« Sie wischt sich über die Augen. »Ich fühle mich einfach so schlecht. Sie sind so … glücklich.«

Es gibt nichts, was ich sagen kann, damit Olivia sich besser fühlt.

Sie hat recht.

Olivias Vater fährt vor. »Bis morgen«, sagt sie.

Pearl und ich sehen zu, wie die Sechstklässler Mrs Tucker zum Studentenfutter und dem Rest ihrer großen Fisher-Mittelschulen-Tour folgen.

»Hey, Pearl, hast du es dir mit Will vielleicht inzwischen anders überlegt? Er ist noch immer total in dich verknallt.«

»Er ist so nett«, sagt sie mit dem Anflug eines Lächelns. »Ich verstehe gut, wie er sich fühlt, weil ich auch immer noch total verknallt bin. Aber nicht in ihn. Bitte sag ihm, dass er nicht der Richtige für mich ist.«

»Willst du mir immer noch nicht sagen, wer es ist?«

»Ich habe es nur Olivia erzählt, und du kennst diesen Menschen so gut, dass ich Angst habe, es dir zu sagen.«

»Das verstehe ich.« Ich versuche zu überlegen, wen ich so gut kenne.

»Okay. Ich sag's dir einfach. Es ist Bea.«

Das habe ich nicht kommen sehen. Andererseits sind sie beide ja irgendwie Künstlerinnen, Pearl mit ihren Gedichten und Bea mit ihren Bildern, also haben sie das schon mal gemeinsam. Aber ich habe es trotzdem nicht kommen sehen.

»Wow. Also Bea ist auch wirklich ein totaler Schatz. Das steht fest.«

»Ich mag ihre Energie. Und ihr Lächeln. Und ihre Kunst. Und sie ist so ein toller Mensch.« Pearl sieht mich auf die gleiche Weise an, wie Will mich angesehen hat, als er mir ihretwegen sein Herz ausgeschüttet hat.

»Hast du dich schon geoutet? Also, so offiziell und richtig?«, frage ich. »Wir haben ja dieses Schuljahr nicht so viel zusammen gemacht, deswegen hab ich das nicht mitbekommen.«

»Na ja, es ist kein Geheimnis. Ein paar von meinen Freundinnen wissen es. Und meine Familie.« Sie lacht. »Mein Opa hat einen Regenbogen-Sticker auf seine Handyhülle geklebt, also ist alles echt gut. Ich habe nur keinem von Bea erzählt, außer Olivia.«

»Was soll ich Will sagen?«

»Du kannst ihm das von Bea erzählen, wenn du willst. Ich fühle mich schlecht. Ich mag Will wirklich – aber nur als

Freund.« Sie bückt sich, hebt einen Mutmachstein auf und hält ihn hoch. *Lächeln* steht da in Stahlblau.

Pearl sieht mich an. »Glaubst du ... mit Bea, glaubst du, da habe ich eine Chance?«

Ich kann ihr nicht von dem Gespräch erzählen, das ich mal mit Bea und Navya bei einer Doppel-Übernachtung vor Thanksgiving hatte. Da hat Bea gesagt, sie könnte sich vorstellen, mit einem Mädchen zusammen zu sein, ohne ein bestimmtes zu nennen. Eigentlich verrückt, dass wir seitdem nie wieder darüber gesprochen haben. Jetzt überlege ich, ob ich Bea noch mal danach fragen oder warten soll, bis sie es selbst anspricht.

Ich sage Pearl die Wahrheit: »Ich weiß es nicht.«

Nicht in Ordnung: ein Kleider-Podcast
Episode acht

Ich: Hallo, Fisher-Mittelschule und alle anderen da draußen. Hier ist Molly Frost, und ihr hört *Nicht in Ordnung: ein Kleider-Podcast*, Episode acht. Heute spreche ich mit Talia F. aus der siebten Klasse. Sie ist im Chor und im Club für gemeinnützige Arbeit.

Talia deutet mit einer Handbewegung an, dass ich kurz stoppen soll, und sagt mir noch, dass sie nur eine Stunde bleiben kann, weil sie mit ihren Freundinnen zum Essen verabredet ist.

Ich: Also, Talia, magst du uns was von dir erzählen?

Talia: Äh, okay. Da fällt mir als Erstes ein, dass ich meiner Mutter einmal die Woche helfe, Unmengen von Chili für Kriegsveteranen zu kochen, das wir ihnen bringen, weil sie ans Haus gebunden sind. Wir haben eben gerade noch ausgeliefert, bevor ich hierhergekommen bin.

Ich: Was meinst du denn mit »ans Haus gebunden«?

Talia: Sie sind alle ziemlich alt, und viele von ihnen sind körperlich behindert, also gehen sie nie nach draußen.

Ich: Das ist ja total nett von dir.

Talia: Es gehört zur Arbeit meiner Mutter. Außerdem singe ich unglaublich gerne. Ich will Opernsängerin werden.

Ich: Möchtest du jetzt etwas singen?

Talia: Nein, danke.

Ich: Okay, was war der Grund dafür, dass du diese Woche nachsitzen musstest?

Talia: Es war so frustrierend. Unser Chor hat für die Abschiedsfeier geprobt, und ich stand vor Josh Morris. Mitten im Lied hat er angefangen, mich wegen meiner Haare zu nerven.

Ich: Was war denn mit deinen Haaren?

Talia: Ich lasse sie einfach so, wie sie sind, also glätte sie nicht oder so, und Josh findet das wohl zu bauschig, denn er hat einfach nicht aufgehört, sie nach unten zu drücken. Also habe ich mich umgedreht und ihm gesagt, er soll seine Hände von meinem Kopf nehmen. Da hat Mr Buechler das Lied unterbrochen und gefragt, was los ist, und Josh hat gesagt, er kann nichts sehen, weil meine Haare im Weg sind. Ich habe ihm gesagt, dass Josh meine Haare betatscht hat und seine Hände bei sich behalten soll.

Ich: Oh Mann, wie nervig. Aber warum musstest *du* dann nachsitzen?

Talia: Mr Buechler hat gesagt, ich soll rausgehen und irgendwas mit meinen Haaren machen. Ich habe ihm gesagt, dass meine Haare nicht das Problem sind. Er hat gesagt, dass ihm meine Einstellung nicht gefällt, und hat mich zur Schulleitung geschickt. Dr. Couchman hat mich nicht mal angehört. Er ist aus seinem Büro gekommen und hat mir gesagt, dass ich nachsitzen muss und mich glücklich schätzen kann, dass es nur ein Mal ist.

Sie lächelt.

Dieses Lächeln sehe ich in letzter Zeit oft. Es ist einfacher, zu lächeln, als einen Tisch aus dem Fenster zu schmeißen.

Ich: Es tut mir so leid, Talia.

Talia: Ich kann echt nicht fassen, dass ich das noch ein ganzes weiteres Jahr ertragen muss.

Ich: Hoffentlich musst du das nicht. Liebe Zuhörerinnen und Zuhörer, wenn ihr uns dabei helfen wollt, die Kleiderordnung an der Fisher-Mittelschule abzuschaffen, und eure Stimme gegen das erheben wollt, was mit Talia passiert ist, dann kommt bitte zur nächsten Sitzung der Schulbehörde. Wir müssen dafür sorgen, dass das aufhört.

Nachdem Talia ihre Geschichte erzählt hat, macht sie ein Plakat, und ich fotografiere sie damit und poste das Ganze auf Instagram. Danach hängt sie das Plakat an die Wand unseres Hauptquartiers. Darauf steht:

#NichtInOrdnung – meine Haare gehören zu mir!

Der Dan-Plan

Mom wird langsam nervös, weil Danny bald nach Hause kommt. Das weiß ich, weil sie den ganzen Tag damit verbracht hat, das Haus zu putzen. In Dannys Zimmer hat sie jeden Winkel durchsucht, bevor sie es geputzt hat.

»Möchtest du dich mit mir auf die Veranda setzen und die Glühwürmchen angucken?«

»Ja. Aber ich muss mir noch ein paar Notizen für die Sitzung der Schulbehörde machen.«

»Möchtest du, dass ich mit dorthin komme?«

Darüber muss ich erst nachdenken. Mit Eltern aufzutauchen, könnte einen schlechten Eindruck machen oder auch zeigen, dass wir ihre Unterstützung haben.

»Ja. Das wäre gut.«

Mom macht die Musikbox draußen an und startet eine Playlist ihrer Lieblingsband, den Indigo Girls. Dann gießt sie uns Sprudelwasser ein und stellt eine große Schüssel Popcorn mit Butter zwischen uns.

»Und, was macht der Dan-Plan?«, frage ich.

»Nun, die Schule hat gesagt, dass er trotz allem noch die Abschlussprüfungen nächste Woche mitschreiben kann, also hat er sich darauf vorbereitet. Und Daddy und ich halten es für das Beste, wenn er danach den Sommer bei Oma verbringt.«

»Was, echt?«

»Ja. Oma tut ihm tatsächlich gut. Wir haben ihr die Wahrheit gesagt, und sie hat es gut aufgenommen und uns an Tante Maggies Probleme erinnert, als die ein Teenager war. Das wird also Omas und Dannys Sommer-Abenteuer.«

»Wow. Ich will auch ein Sommer-Abenteuer.«

»Das bekommst du, wenn wir zwei verreisen.« Sie trinkt einen Schluck Sprudel. »Der Abstand wird Danny guttun, dann kann er nicht mehr so schlechten Umgang pflegen.«

Mom kapiert nicht ganz, dass Danny selbst der schlechte Umgang ist.

Gerade wollen wir die Ideenliste für unseren Roadtrip anfangen, als Thibodeaux wie verrückt anfängt, eine Gestalt neben der Veranda anzubellen.

»Hallo?«, ruft Mom und stellt die Musik leiser.

»Hi, ich suche Molly Frost.« Die Stimme gehört einem Mädchen.

»Ich bin Molly.«

Sie geht auf uns zu und steht auf den Stufen. »Tut mir leid. Ich habe geklingelt, aber dann habe ich die Musik gehört. Äh, meine Mom steht noch in der Auffahrt. Es ist nur, ich habe die Podcasts gehört und wollte meine Geschichte erzählen.«

Ich erkenne sie wieder. Sie ist das Mädchen, das letztes Jahr die Schule verlassen hat. Das gekleiderordnet wurde, weil es krank war.

»Oh, okay. Toll.« Ich gebe ihr ein Zeichen, mir zu folgen.

Unsere Mütter unterhalten sich auf der Veranda, während wir das Windlicht mit ins Baumhaus nehmen.

Sie heißt Catherine. Sie ist in der neunten Klasse. Und sie kann sich noch ganz genau an alles erinnern.

Nicht in Ordnung: ein Kleider-Podcast
Episode neun

Ich: Hallo, Fisher-Mittelschule und alle anderen da draußen. Hier ist Molly Frost, und ihr hört *Nicht in Ordnung: ein Kleider-Podcast*, Episode neun. Bitte denkt daran, dass die Sitzung der Schulbehörde an diesem Freitag, dem 8. Juni, um 19 Uhr stattfindet. Wir tragen unser Anliegen ganz am Ende der Sitzung vor, da dürfen wir uns zu Wort melden. Heute Abend heiße ich einen ganz besonderen Gast willkommen. Also, Catherine, möchtest du uns etwas von dir erzählen?

Catherine: Ich bin in der Neunten und habe die Schule letztes Jahr verlassen, nachdem ich wirklich grauenvoll gekleiderordnet wurde.

Ich: Was ist passiert?

Catherine: Einiges. Die Fingerspitze oder ...

Sie flüstert: »Wie heißt sie eigentlich richtig?« Ich zucke mit den Schultern.

Catherine: Also, jedenfalls, die hatte mich von Anfang an im Visier. Ich bin ein bisschen stämmiger, und Shorts stehen mir nicht so besonders gut. Ich hatte nur eine einzige, in der ich mich wirklich wohlfühlte. Die hatte ich auch ständig an, obwohl ich deswegen immer wieder zur Seite genommen und zur Schulleitung geschickt wurde. Nachdem meine Mom mir ein paarmal etwas anderes zum Anziehen bringen musste, hat sie meine Lieblingsshorts dann weggeschmissen und mir Hausarrest erteilt, weil ich mich nicht an die Schulordnung gehalten habe.

Ich: Das ist gemein.

Catherine: Alles okay. Inzwischen tut ihr das sehr leid. Dann hatte ich einmal Leggings an, und Dr. Couchman hat mich zu sich gerufen. Direkt vor einem Jungen, den ich mochte. Er hat gesagt, in dem Aufzug würde ich dafür sorgen, dass Jungs mich anstarren, und ich sollte mich damenhafter kleiden.

Ich: Was hast du gesagt?

Catherine: Nichts. Ich hatte keine Lust, schon wieder Hausarrest zu bekommen. Also habe ich mich den Rest des Jahres total spießig angezogen, und alles war gut. Bis ich dann krank wurde. Ich hatte hohes Fieber und dachte, ich falle gleich in Ohnmacht. Ich wollte zur Schulkrankenschwester, aber mir war so heiß. Da habe ich meinen Pullover ausgezogen und meinen Kopf gegen die Wand gelehnt, um mich ein bisschen auszuruhen. Als die Fingerspitze mich entdeckt hat, hat sie mich schon wieder in die Mangel genommen. Immer wieder habe ich ihr gesagt, dass ich zur Schulkrankenschwester möchte, aber sie hat mich einfach nicht gehen lassen.

Ich: Das ist ja so schrecklich.

Catherine: Ja. Irgendwann ist Ms Lane aus ihrem Kursraum gekommen, hat ihren Arm um mich gelegt und mich ins Krankenzimmer gebracht. Ich liebe Ms Lane.

Ich: Alle lieben Ms Lane. Wie hast du dich dabei gefühlt?

Catherine: Ehrlich gesagt ging es mir so schlecht, dass ich nur nach Hause und schlafen wollte. Meine Eltern haben dann entschieden, dass die Schule kein gutes Umfeld für mich ist, und haben mich auf die Katholische geschickt.

Ich: Ist es da besser?

Catherine: Ich trage lieber eine Schuluniform, als schikaniert und angebrüllt zu werden.

»Kann ich noch etwas sagen?«, flüstert sie. Ich nicke.

Catherine: Falls Sie zuhören, Ms Lane, dann danke schön.

Ich: Findest du, es muss überhaupt eine Kleiderordnung für uns geben?

Sie starrt mich an und stampft mit dem Fuß auf den Boden.

Catherine: Nein. Sie sollen uns einfach in Ruhe lassen. In der Mittelschule ist es auch so schon schwer genug.

In der Mittelschule ist es auch so schon schwer genug

- Drama
- Mobbing
- Zahnspangen
- schlechtes Mittagessen
- Amok-Alarm
- Sturm-Alarm
- Bären-Alarm
- Sonntagabende
- Hausaufgaben
- Prüfungen
- Tests
- Klimawandel
- Eltern, die einem das Handy wegnehmen
- verschwindende Snapchat-Flammen
- Referate (vor allen anderen)
- Verräter
- gebrochene Herzen
- Pickel
- Einsamkeit
- Stress
- beim Sport versagen
- peinliche Eltern
- peinliche Körperteile

- Peinlichkeiten überhaupt
- über den Hausaufgaben einschlafen
- verschlafen
- nichts anzuziehen
- nichts zu tun
- nichts zu sagen
- nichts als …
- Drama

Wenn schon eine Kröte, dann eine Goldkröte

Navya und ich sind in der Bibliothek. Wir schreiben unsere Zwei-Minuten-Rede für die Sitzung der Schulbehörde heute Abend. Wir sammeln Argumente, warum die Kleiderordnung abgeschafft werden sollte. Alle wollen kommen, alle außer Ashley – keine große Überraschung.

Mr Beam, der Bibliothekar, lässt eine blaue Mappe auf unseren Tisch fallen, zwinkert uns zu, richtet seine Krawatte und geht weiter. Wenn Mr Beam ein Tier wäre, dann wäre er: der Enkel von einem Schmetterling, einem Stachelschwein, einem Vogel Strauß und von einem dieser Wursthunde.

Navya öffnet die Mappe. Darin sind jede Menge Artikel über Proteste gegen Kleiderordnungen. Und dort heißt es, dass laut Gesetz eine Kleiderordnung nicht uneinheitlich durchgesetzt werden darf.

Es klingelt, und wir sammeln die Artikel wieder ein und stecken sie zurück in die blaue Mappe.

»Danke, Mr Beam«, rufe ich in sein Büro, wo er sich gerade eine Dose Cola reinkippt. Er wedelt mit der Hand wie mit einem Schmetterlingsflügel. Wir wedeln zurück.

*

Auf der Busfahrt nach Hause übt Mary Kate für ihr Referat in NaWi.

»Goldkröten sind seit 1989 ausgestorben.«

»Warum?«, frage ich.

»Molly, lass mich doch zu Ende präsentieren.«

»Hast du dir die Goldkröte zu Ehren deines Spitznamens ausgesucht?«

»Weiß ich nicht. Na, komm schon, Molly. Ich hasse Referate. Lass mich weiter üben.«

Sie liest von ihren Karteikarten ab, ohne hochzuschauen. Nachdem sie das Ganze drei Mal hintereinander fünf Minuten lang vorgetragen hat, erreichen wir unsere Haltestelle.

»Und?«, fragt sie.

»Mir fehlen die Goldkröten, dabei kannte ich sie vorher gar nicht«, sage ich.

»Mir auch.«

»Heute Abend?«

»Ich werde da sein.«

Schulbehörden-Hürden

Wir versammeln uns vor dem alten Gebäude der Fisher-Mittelschule, es ist aus Backstein und sieht zwischen den Tennisplätzen und dem Gemischtwarenladen so verloren aus wie ein Pinguin in der Wüste. Heute wird die alte Schule hauptsächlich für Versammlungen genutzt, als Geräteraum und alljährlich als Spukhaus für Halloween, um mit den Einnahmen unsere Sportprogramme zu unterstützen.

Megan taucht in einem T-Shirt auf, auf dem *Hört auf, Mädchen zu beschämen* steht.

»Wow. Cool«, sage ich. Schade, dass ich nicht daran gedacht habe, einheitliche T-Shirts für alle zu organisieren.

Wir sitzen im vorderen Teil der alten FMS-Aula, in der Nähe des Mikrofons, damit wir uns gleich am Ende der Sitzung zu Wort melden können.

»Gut, dass wir so früh da sind«, sagt Navyas Mutter.

Die Aula ist voll mit Erwachsenen. Meine Freundinnen und ich sind die Einzigen unter vierzig.

»Wir hätten noch mehr Leute zusammentrommeln sollen«, sagt Liza.

»Ich habe es auf Instagram gepostet. Ich dachte, es würden mehr kommen«, sage ich.

Wir haben entschieden, dass Navya und ich sprechen und alle anderen um uns herumstehen werden. Meine Hände sind feucht. In zwei Minuten das zu sagen, was wir sagen müssen, setzt mich ganz schön unter Druck.

Zunächst gibt es ein paar Ansagen und Ankündigungen als Tagesordnungspunkt. Dann beginnt ein Streit darüber, ob das Sportfeld weiterhin normalen Rasen oder einen Kunstrasen aus Gummigranulat bekommen soll. Ein richtiger Streit. Erwachsene schreien sich an. Ein Typ steht auf und sticht mit seinem Zeigefinger in die Brust eines anderen. Es wird ständig das Budget erwähnt. Eine Gruppe von Müttern sagt, das Gummigranulat würde Krebs verursachen. Der Typ mit dem Zeigefinger beschimpft sie als Spinner. Moms Bein fängt an zu hibbeln, was bedeutet, dass sie gleich in die Luft geht.

Zwei Stunden. Zwei Stunden lang wird über ein Sportfeld gestritten, bevor die Vorsitzende den Zeigefinger-Typ bittet, den Raum zu verlassen, und die Diskussion beendet, weil sie auf Bärenjagd gehen will.

»Die Bären übernehmen langsam die Stadt«, sagt eine ältere Frau. »Bald wird jemand verletzt werden. Es wird Zeit für effektive Maßnahmen.«

»Was wollen Sie machen? Anfangen, sie von Ihrer Veranda aus zu erschießen?«, sagt ein Mann. »Wir leben in der Vorstadt. Und Sie wollen hier mal eben auf Bärenjagd gehen? Das ist absolut lächerlich. Besser wäre es, wenn endlich jeder seinen Müll ordentlich wegräumt. Das ist es nämlich, was sie anlockt.«

Fallen. Einige wollen riesige Bärenfallen hinter der Schule aufstellen.

In *unserem* Wald. Damit *wir* dann auf Babybären stoßen, die nach ihrer Mama schreien.

Ich würde so gerne aufstehen und etwas dazu sagen, aber ich muss warten, bis ich dran bin.

Nachdem sie neunzig Minuten über Bären diskutiert haben, sehe ich zu Pearl rüber. Sie schläft tief und fest.

»Das soll der Stadtrat entscheiden«, sagt die Vorsitzende schließlich.

»Was?«, sagt Liza laut. »Nach all der Diskussion?«

Es ist fast 23 Uhr, und alle stehen auf, um zu gehen.

Panisch springe ich auch auf und gebe Navya ein Zeichen, dass sie mir folgen soll. Ich beuge mich über das Mikrofon.

»Sollten wir uns nicht noch zu anderen Themen äußern können?«, frage ich mit lauter Stimme, während meine Hände zittern.

Ins Gespräch vertieft, bewegen sich die Menschen Richtung Ausgang.

Die Mitglieder der Schulbehörde starren von der Bühne auf uns runter.

Die Vorsitzende sagt: »Wir haben sowieso schon überzogen. Wir vertagen eure Wortmeldung auf die nächste Sitzung.«

»Also im September?«

»Ja.« Sie schaut in ihre Notizen. »Am 15. September ist der nächste Termin. Ich möchte mich bei allen bedanken.«

»Aber ihr habt doch überhaupt nichts geschafft«, sage ich.

Um mich herum brechen sie in Gelächter aus.

Die Vorsitzende steht auf und verschwindet hinter der Bühne.

Und dann die Frau mit dem Bob.

Dann die zwei Männer, die die gleiche Brille tragen.

Dann die Frau mit den roten Pumps.

Und die zwei flüsternden Frauen.

Und der Mann, der alle Mehrweg-Wasserflaschen in die Wertstofftonne geworfen hat.

Und einfach so hat die gesamte Schulbehörde das Gebäude verlassen.

»Das war's?«, fragt Mary Kate. »Das kann doch nicht wahr sein.«

Wir sind alle fassungslos. Wir haben diese armselige, langweilige und peinliche Vorstellung der Erwachsenen durchgestanden und bekommen nicht einmal zwei Minuten.

»Na kommt, Mädels. Im September werdet ihr dann richtig für Furore sorgen«, sagt Navyas Mutter.

»Wir wollen jetzt für Furore sorgen, Mom«, sagt Navya, »auch wenn das ein schräger Ausdruck ist.«

Mary Kate und Lucy folgen der Menge den Gang runter.

Ich stecke meine Notizen weg und nehme eine leicht geschmolzene Schokoladenkugel von Megan an.

»Das war's dann«, sagt Bea. »Wir haben es versucht, Leute.«

Nacheinander gehen wir Richtung Ausgang, niedergeschlagen und genervt. Und dann schaue ich zurück und sehe, dass Olivia gar nicht aufgestanden ist, sondern mit gefalteten Händen dasitzt und vor sich hin starrt.

»Möchtest du mit uns mitfahren, Olivia?«

»Nö«, sagt sie. »Ich bleibe hier.«

Nicht in Ordnung: ein Kleider-Podcast
Episode zehn

Ich: Hallo, Fisher-Mittelschule und alle anderen da draußen. Hier ist Molly Frost, und ihr hört *Nicht in Ordnung: ein Kleider-Podcast*, Episode zehn. Heute Abend sende ich live aus der alten Mittelschule, wo wir mit einem Sitzstreik gegen die ungerechte Kleiderordnung an der Fisher-Mittelschule protestieren. Olivia, willst du unseren Zuhörerinnen und Zuhörern sagen, was wir zu erreichen hoffen?

Olivia: Wir hoffen, dass die Kleiderordnung an der Fisher-Mittelschule abgeschafft wird. An der Highschool gibt es auch keine Kleiderordnung, und wenn sie ihren Abschluss machen, scheinen trotzdem alle etwas gelernt zu haben.

Ich: Und Navya, magst du erklären, warum wir glauben, dass das hier nötig ist?

Navya: Wir haben vor ein paar Wochen eine Petition an den stellvertretenden Schulinspektor geschickt. Wir haben noch immer keine Antwort. Gerade haben wir hier stundenlang gesessen, um die Schulbehörde auf die Kleiderordnung aufmerksam zu machen, und haben noch nicht einmal zwei Minuten bekommen, um uns zu Wort zu melden. Sie hatten aber Zeit, über Gummigranulat zu diskutieren und darüber, wie man am besten Bären ermordet. Ich mache auch Sport, und die Sache mit dem Sportfeld ist schon wichtig. Aber dass Mädchen sich buchstäblich jeden einzelnen Tag schlecht fühlen, auch.

Ich: Liza, möchtest du noch etwas ergänzen?

Liza: Wir geben nicht auf, bevor ihr die Schulordnung nicht ändert. Wir sind keine kleinen, ängstlichen Kinder mehr.

Klassenprotest statt Klassenfahrt

Mr Ricky, der Hausmeister, geht schnellen Schrittes auf die Bühne zu, auf der wir alle mit baumelnden Beinen sitzen.

»Was geht hier vor?«, fragt er Lizas Mutter.

»Die Schülerinnen protestieren gegen die Kleiderordnung«, sagt sie ganz ruhig.

»Nun, davon hat mir niemand was gesagt. Ich muss hier noch aufräumen und putzen.«

Mr Ricky kehrt die Bühne und geht auf der Suche nach Abfall zwischen den Stuhlreihen auf und ab.

Olivia und Pearl, Liza und Navya, Bea, Megan, meine Mom, Lizas und Navyas Mütter, wir alle bleiben sitzen.

»Was machen wir hier eigentlich?«, fragt Liza.

»Ich gehe nicht weg«, sagt Olivia. »Wir haben alles getan, was man tun muss, und nichts davon hat funktioniert. Ich bleibe hier, bis sie uns anhören.«

»Zeit, zu gehen«, sagt Mr Ricky etwas ängstlich. »Ich muss jetzt abschließen.«

Wir sehen uns alle an.

»Das ist nicht Mr Rickys Schuld«, sagt Liza.

Pearl steht auf. »Ich habe eine Idee. Wir brauchen unsere Zelte.«

»Okay, lass hören«, sagt Olivia.

»Wir lassen den Campingausflug sausen und stellen unsere Zelte beim Schulgarten auf.«

»Ja! Super Idee. Ein Protestcamp. Wie ein Sitzstreik, nur mit Zelten«, sagt Bea.

Pearl lächelt. »Genau.«

Mom bringt uns mit ihren Fragen, ob das legal ist und welche Rechte wir auf dem Schulgelände überhaupt haben, ganz schön ins Schwitzen.

»Mom, das nennt sich friedlicher Widerstand. Das Risiko nehmen wie in Kauf«, sage ich und klopfe Pearl auf den Rücken.

»Also abgemacht?«, fragt Pearl und sieht Olivia an.

»Abgemacht«, sagt Olivia.

*

Navya, Bea und Pearl ziehen mit Navyas Mutter los, um das Campingzeug zu holen.

Wir diskutieren darüber, ob wir allen anderen aus der Klasse auch Bescheid sagen sollen, und entscheiden uns für Ja. Als Königin des Podcasts und Nachsitz-Prinzessin soll ich das übernehmen.

Ich schreibe Folgendes in den 217-Personen Gruppenchat:

Liebe Mitschülerinnen und Mitschüler,
wie ihr wisst, haben viele von uns es satt, wie die Schulverwaltung und einige Lehrer mit der Kleiderordnung umgehen. Wir haben eine Petition an den stellvertretenden Schulinspektor geschickt. Wir haben uns beschwert, mit Plakaten protestiert und in unserem Podcast davon be-

richtet. Aber nichts hat sich geändert. Schon vor uns haben Mädchen versucht, dieses Anliegen vor die Schulbehörde zu bringen, und wir haben das auch versucht. Aber nichts hat sich geändert. Also haben wir beschlossen, ein Protestcamp zu errichten. Wir werden nicht zum Strawberry Hill State Park fahren. Wir möchten uns bei den Eltern, die sich so viel Mühe bei den Vorbereitungen gegeben haben, und bei denen, die fünfundzwanzig Dollar bezahlt haben, entschuldigen. Aber unser Schulbezirk soll wissen, dass uns die Mädchen, die nächstes Jahr und all die Jahre danach auf die Fisher-Mittelschule gehen werden, am Herzen liegen. Wir wollen, dass die Kleiderordnung abgeschafft wird. Auf der Highschool gibt es keine Kleiderordnung, und wenn doch, wird sie nicht umgesetzt, und die leben immer noch. Warum gibt es dann eine auf der Mittelschule? Wir sind 12, 13 und 14 Jahre alt! Wenn ihr mitmachen wollt, dann kommt bitte mit eurer Campingausrüstung in den Freundschaftsgarten, so bald ihr könnt. Wenn ihr wollt, könnt ihr gerne Protestschilder mitbringen. Wir könnten Ärger bekommen (nur damit ihr das wisst), aber darauf sind wir vorbereitet.

Mit besten Grüßen

Die weißen Kleider

Die Kommentare dazu möchte ich gar nicht erst sehen. Vor allem, wenn Nick und Konsorten loslegen. »Lasst uns die Gruppe verlassen«, schlage ich meinen Freundinnen vor. Nur Liza bleibt drin. Sie will sehen, was die anderen sagen.

Woher weiß mein Herz, dass meine Finger gerade den Gruppenchat gelöscht haben? Woher weiß es, dass es schneller schlagen muss? Und woher weiß es, dass ich plötzlich schreckliche Angst habe?

Um Mitternacht sieht es so aus, als hätten wir über vierzig Leute davon überzeugt, bei unserem Protestcamp mitzumachen. Eine Viertelstunde später sind es zweiundsechzig.

Im Licht des Mondes, der grellen Scheinwerfer über den Tennisplätzen und unserer Handytaschenlampen schleppen wir unsere Campingausrüstung auf die Lichtung zwischen dem Freundschaftsgarten und dem Wald.

Mom verdient eine Auszeichnung als Mutter des Jahres, weil sie im Minivan neben unserem Zeltkreis schläft.

Ich kuschele mich zwischen Bea und Megan, und bevor wir überhaupt sagen können *Machen wir das hier gerade wirklich?*, sind wir schon eingeschlafen.

Das Zeltdorf

Wir müssen auf Dr. Couchman vorbereitet sein. Es ist nur eine Frage der Zeit, bis er hier auftaucht. Alle wissen, dass er nie eine Episode des Podcasts verpasst.

Lizas Mutter taucht mit Orangensaft und Donuts auf.

»Kommt frühstücken«, ruft Mom.

»Gleich.« Ich schleife gerade ein Schild über den Rasen. *Schluss mit der ungerechten Kleiderordnung* steht in riesigen roten Buchstaben auf beiden Seiten. Es ist ein schöner Tag, wolkenlos und warm, aber nicht zu heiß.

Mein Nacken tut weh, und meine Haare sind fettig, aber hier zu sein macht mir keine Angst mehr. Jetzt bin ich bereit zu kämpfen.

Plötzlich tauchen von überall her Leute auf. Sie laden am Straßenrand ihr Campingzeug aus. Und dann strömen noch mehr herbei: Mädchen aus meiner Klasse, Mädchen aus Mary Kates Klasse, Mädchen, die fast jeden Tag gekleiderordnet werden, und Mädchen, die noch nie gekleiderordnet wurden.

Die Zielscheiben.

Die Unsichtbaren.

Die dazwischen.

Ich gehe zu Mary Kate hinüber. »Ich kann nicht fassen, dass deine Mom dir erlaubt hat zu kommen.«

»Sie hat heute Morgen um sieben Uhr mit deiner Mom

telefoniert, und sie haben lange geredet. Anfangs dachte sie, dass die Aktion respektlos ist, und sie hatte Angst, dass Couchman das nächstes Schuljahr an mir auslässt, aber was immer deine Mutter zu ihr gesagt hat, scheint funktioniert zu haben.«

Ich sehe zu Mom rüber, die bestimmt viel mehr als fünfundzwanzig Dollar ausgegeben hat, um Essen für uns zu besorgen. Dabei ist es für unsere Familie noch schwerer geworden, seit sie Dannys Therapie bezahlen.

Ich renne zu ihr rüber und umarme sie. »Danke, Mom.«

»Ich bin so stolz auf dich«, sagt sie und drückt mich.

Wir bauen weitere Zelte auf und stellen das Schild, an das viele noch Zettel geklebt haben, mitten in den Freundschaftsgarten neben die Vogeltränke. Megans Mutter bringt einen großen Karton mit weißen T-Shirts und Textilmarkern vorbei.

»Gute Idee«, sagt Bea, nimmt sich ein T-Shirt und breitet eine Picknickdecke neben dem Fliederbusch aus.

Um 11.45 Uhr steigt Tom mit einem Schlafsack und einer Frühstücksdose aus dem Truck seines Vaters. Ich renne zu ihm. »Tom, was machst du denn hier?«, frage ich.

»Will hat gesagt, dass wir jetzt hier zelten.«

»Aber hat er dir auch gesagt, dass wir gegen die Kleiderordnung protestieren und vielleicht Ärger bekommen?«

»Ja, ich weiß. Das ist okay. Ich habe meinen Eltern gesagt, dass ich euch helfen will.«

»Ach Mensch. Danke, Tom.«

Ein paar Minuten später kommen Will und Clay und

Chen aus dem Wald. Sie tragen ein Zelt und Rucksäcke und Stockbrotstöcke, und Clay schiebt Wills tragbare Feuerschale vor sich her. Ich weiß nicht, warum, aber als ich ihr dümmliches Grinsen sehe, bin ich total gerührt.

Früher gab es in der achten Klasse viele verschiedene Gruppen. Wie Fischschwärme haben sie sich zusammengeschart, sich durch die Flure geschlängelt und immer wieder neu zusammengefunden. Jetzt gibt es nur noch zwei Gruppen: die, die zum Strawberry Hill State Park fährt, und die, die gegen die Kleiderordnung auf der Fisher-Mittelschule protestiert. Noch nie wusste ich so genau, in welcher Gruppe ich mitschwimmen will.

Ashley geht es wohl ganz genauso.

Ich: Ashley, ist dir das wirklich völlig egal?

Ashley: Für mich ist das einfach keine große Sache. Könnt ihr endlich mal aufhören, mich damit zu nerven?

Ich bin nicht sauer.

Ich bin auch nicht überrascht.

Olivia schickt eine Nachricht mit *Codewort Jim* in die Gruppe, und alle versammeln sich mit ihren Protestplakaten und beschrifteten T-Shirts um das Schild.

Unsere Eltern bleiben bei den Zelten zurück.

Das hier ist unser Kampf.

Der Brief in meinem Kopf

Lieber Dr. Couchman,

was wäre, wenn Sie die Schülerinnen und Schüler am
ersten Tag der siebten Klasse mit ermutigenden und
lobenden Worten begrüßen würden? Was wäre, wenn
Sie ihnen sagen würden, dass die Fisher-Mittelschule
ein sicherer, guter Ort ist, wo sie lernen, ihre Leiden-
schaften entdecken und Wege finden werden, sich
gegenseitig zu stärken? Was wäre, wenn Sie, anstatt
eine ganze Versammlung mit der Kleiderordnung zu
verschwenden, uns stattdessen beibringen würden, wie
man seinen Mitmenschen mit Würde und Respekt begegnet, sich gegenseitig anspornt und sich tröstet, wenn
es mal schwierig wird?
Denn es wird schwierig werden. Zu Hause. In der
Schule. In unseren Köpfen und Körpern.
Was wäre, wenn Sie ein laminiertes Blatt mit sich
herumtragen würden, auf dem steht: Zieht das an, was
bequem ist. Kleidet euch so, dass ihr euch wohlfühlt.
Kleidet euch so, dass ihr euch sicher und stark fühlt.
Seht die Schülerinnen und Schüler neben euch, hinter
euch und vor euch an und erkennt, dass auch sie das
tragen, worin sie sich sicher und stark fühlen. Und dass
alles in Ordnung ist.

Was wäre, wenn Sie uns nicht als bedeckte oder unbedeckte Körperteile betrachten würden, sondern als Menschen? Wenn Sie unsere Namen kennen würden und unsere Begabungen? Und uns dazu anspornen würden, die zu werden, die wir sein sollen?
Es geht hier nicht um Kleidung, Dr. Couchman. Das ging es nie.

Herzliche Grüße
Molly

Couchman deckt unsere großen Nackt-Pläne auf

Sein Gesicht hat die Farbe einer Tomate. Er trägt Golf-klamotten und Sandalen und rudert wild mit den Armen, während er auf uns zukommt.

»Was geht hier vor?«

Olivia sieht mich an. Ich sehe Pearl an. Pearl sieht mich an. Ich gehe einen Schritt nach vorne. Ich habe keine Angst vor ihm. Überhaupt nicht.

»Wir sind hier, um gegen die Kleiderordnung an der Fisher-Mittelschule zu protestieren. Wir möchten, dass die Kleiderordnung abgeschafft wird«, sage ich mit ruhiger Stimme. »Bisherige Bemühungen haben zu nichts geführt, und wir sind hier, um Ihnen zu zeigen, wie ernst es uns damit ist.«

Er grinst, was mich total wütend macht.

»Okay, das ist völlig absurd. Dann könnt ihr ja gleich nackig in die Schule kommen. Seid ihr dann zufrieden? Na los, packt zusammen. Ihr befindet euch auf dem Schulgelände und müsst jetzt gehen.«

Wir bleiben, wo wir sind.

»Wir werden nicht gehen«, sagt Olivia und sieht ihm direkt in die Augen. »Wir werden nicht gehen, bevor Sie unser Anliegen ernst nehmen. Und nur damit Sie es wissen, bald kommen die ersten Fernsehreporter.«

Olivia blufft. Aber das ist wirklich eine großartige Idee. Die Bösen hassen die Presse.

»Tja, dann werde ich wohl die Schulbehörde anrufen müssen, um zu besprechen, wie wir euch hier wegbekommen. Und es wird ihnen nicht gefallen, an einem Samstag gestört zu werden.«

»Lasst uns in Ruhe«, ruft Liza.

»Lasst uns in Ruhe«, rufen wir im Sprechchor, wieder und wieder.

Couchman stürmt davon und stolpert über einen Haufen Mutmachsteine. Er tritt sie mit seiner Sandale. Wir hören erst auf zu rufen, als er und sein angeschlagener Zeh weg sind.

Das Protestcamp macht mehr Spaß, als wir dachten

Wir spielen Hufeisenwerfen.

Wir essen das Essen, das unsere uns Eltern bringen.

Wir üben einen Tanz ein.

Wir suchen nach Steinen und schreiben neue, bessere Sprüche darauf.

Wir rösten Marshmallows über der Feuerschale.

Wir machen Platz für Ms Lane und Ms Santos-Skinner, die in Turnschuhen und Jogginghosen auftauchen, mit einem Zwei-Frau-Zelt und einem riesigen Korb voller Blaubeer-Muffins.

Wir sitzen auf Decken, und zwei Mädchen stellen eine Karaoke-Maschine auf. Tom fängt an. Er singt »Halleluja«, und viele von uns müssen weinen. Talia sagt, er hat das, was man absolutes Gehör nennt. Sie bittet Tom, ein Duett mit ihr zu singen, und zusammen singen die beiden so schön, dass sie damit ihr Geld verdienen könnten.

»Wie Engel im Garten«, sagt Mom mit großen Augen.

Alle wollen jetzt singen, und nachdem sich alle in die Liste eingetragen haben, nimmt Megan das Klemmbrett und ruft die Namen nacheinander auf. Clay und Will singen einen K-Pop-Song (weil Will herausgefunden hat, dass Pearl K-Pop mag, aber er weiß nicht, dass Pearl K-Pop mag, weil Bea K-Pop mag).

Danach singen wir alle den Soundtrack von *Hamilton*, und gerade als Navyas Mom mit riesigen Tüten Popcorn auftaucht, fahren vier Autos auf den Parkplatz.

Die Türen gehen auf, und Dr. Couchman, Mr Dern, die Fingerspitze und alle Mitglieder der Schulbehörde steigen aus. Ein Mann hat einen Smoking an. Er ist entweder richtig sauer, dass wir ihn aus etwas ganz Besonderem rausgeholt haben, oder richtig froh, dass wir ihn aus etwas ganz besonders Langweiligem gerettet haben.

Megan stellt die Musik aus, und wir stehen alle auf und gehen auf den Parkplatz zu.

»Wer hat hier das Sagen?«, fragt Dr. Couchman.

Um mich herum blitzen überall Handykameras auf. Sie machen mich mutiger, weil ich weiß, dass das noch ganz viele andere Menschen sehen werden.

»Wir alle«, sage ich. »Wir haben es satt, wie Sie uns mit der Kleiderordnung schikanieren.«

»Hallo, alle miteinander. Ich bin Mae Dunn, Vorsitzende der Schulbehörde.« Sie tritt nach vorne und sieht sich um. »Man hat mir gesagt, dass ihr alle hier seid, um gegen die Kleiderordnung zu protestieren, stimmt's?«

Olivia tritt nach vorne. »Wir finden, dass die Kleiderordnung ungerechterweise besonders Mädchen ins Visier nimmt und nicht einheitlich durchgesetzt wird. Wir bitten darum, dass die Kleiderordnung abgeschafft wird und den Schülerinnen und Schülern erlaubt wird, Sachen anzuziehen, in denen sie sich wohlfühlen.«

Alle jubeln.

Olivias Stiefvater ist Anwalt. Er hat ihr gesagt, dass sie unbedingt das mit der uneinheitlichen Durchsetzung erwähnen muss, da es gegen die Verfassung verstößt, wenn die Schule ein Mädchen kleiderordnet, ein anderes aber nicht, obwohl beide genau das Gleiche anhaben.

Mae Dunn lächelt. »Nun, zunächst einmal wissen wir es zu schätzen, dass ihr euch die Zeit für diese Protestaktion genommen habt. Ich kann sehen, wie leidenschaftlich ihr dabei seid. Ich bin mir ziemlich sicher, dass die Schulbehörde dieses Anliegen vor einiger Zeit geprüft hat.« Sie sieht den älteren Mann neben sich an. »Burt, zu welchem Ergebnis sind wir da gekommen?«

Burt zuckt mit den Achseln. »Weiß ich nicht. Da müsste ich mal nachschauen.«

»Zu keinem Ergebnis«, sage ich. »Jedenfalls unseren Kontakten aus der Highschool zufolge. Und wir haben versucht, das Thema auf die Tagesordnung von der Sitzung gestern zu bringen, aber Sie haben gesagt, dass Sie sich auf Gummigranulat und Bärentöten konzentrieren müssen. Und wir haben vor fast einem Monat eine Petition an den stellvertretenden Schulinspektor geschickt und haben seitdem nichts gehört. Nichts.«

Mae Dunn lächelt wieder. »Nun, wie wäre es denn, wenn ich für Anfang nächster Woche eine Sondersitzung der Schulbehörde einberufe, um die Kleiderordnung zu prüfen? Weiß jemand, ob die Kleiderordnung an der Highschool eingehalten wird?

»Wird sie nicht«, sagen wir alle gleichzeitig.

»Okay, dann berufe ich die Sondersitzung ein, aber dann müsst ihr jetzt zusammenpacken und nach Hause gehen. Ihr befindet euch auf dem Schulgelände, und ihr könnt hier nicht übernachten.«

Wir sind alle wie erstarrt.

Wir müssen jetzt schnell eine Entscheidung treffen. Es darf nicht so aussehen, als hätten wir keinen Plan.

»Wir werden bleiben«, sage ich.

Die Fingerspitze und Dr. Couchman sehen aus, als würden sie gleich explodieren.

»Das werde ich nicht erlauben«, sagt Dr. Couchman. »Na los. Weg hier.«

Die Eltern stehen zusammen am Rande des Parkplatzes.

»Nein. Wir gehen nicht«, sagt Liza. Alle zücken ihre Handys.

»Na dann. Aber nur damit das klar ist, ihr haltet euch hier auf eigene Gefahr auf. Und die Feuerwehr wird verlangen, dass ihr dieses Feuer löscht. Macht ihr das?« Mae Dunn zeigt auf die Feuerschale.

»Was? Sie lassen sie einfach hierbleiben?«, fragt Dr. Couchman und wirft die Arme hoch.

»Und was schlagen Sie vor? Sollen wir sie alle einfach wegschleifen?«, erwidert Mae Dunn.

»Vielen Dank«, sage ich. »Wir warten dann auf Ihren Beschluss.«

Und das war's.

Wir singen. Wir tanzen. Wie essen Popcorn im Licht der Laternen. Wir erzählen uns Spukgeschichten, in Achter-,

Zehner, Zwölfergruppen. Wir hören, wie unsere Eltern lachen, während sie um die Vogeltränke herum sitzen. Wir sehen zu den Sternen auf und versuchen, die Zukunft zu erraten.

Wir schlafen gut, trotz der Bären, der Zecken, der ungewöhnlich frischen Nachtluft und einem drohenden *Wir sind viel zu beschäftigt, also warten wir einfach ab, bis diese Kinder das Zelten satthaben und von selbst nach Hause gehen* von der Schulbehörde.

Um ein Uhr morgens klingelt mein Handy. Vollkommen verwirrt wache ich auf.

Es ist Jessica. »Molly, wir sind hier.«

»Wo?«

»Hier draußen. Können wir bei euch im Zelt schlafen?«

Megan ist an die Seite des Zeltes gequetscht, und Olivia und Pearl liegen neben ihr.

»Wer ist wir?«

»Jasmine und ich. Wo bist du?«

Ich gehe aus dem Zelt und leuchte mit meinem Handy herum. Mit Schlafsäcken in der Hand stehen Jasmine und Jessica in Ballkleidern neben dem Seiteneingang der Schule.

»Wart ihr auf dem Abschlussball? Ihr seht so hübsch aus.«

»Unsere Verabredungen haben wir auf der After-Party zurückgelassen«, sagt Jessica. »Wir wollten unbedingt dabei sein.«

Sie folgen mir zu unserem Zelt.

»Wie war es denn?«, frage ich.

»Es hat echt Spaß gemacht«, sagt Jasmine. »Aber jetzt ist es vorbei. Und wir sind bereit zu protestieren.«

Wir flüstern miteinander, bis das erste Morgenlicht durch den Zelteingang fällt.

Als das alles angefangen hat, hätte ich mir nie vorstellen können, dass ich mit zwei Schülerinnen aus der Zwölften nach ihrem Abschlussball in einem Zelt schlafen würde. *Nicht in Ordnung: ein Kleider-Podcast* hat alles verändert.

Gemeine Menschen

Es ist komisch, Leute aus meiner Schule mit verfilzten Haaren und in Schlafanzügen über den Zeltplatz wandern zu sehen.

Wir berufen für neun Uhr eine Versammlung ein. Eingewickelt in ihre Schlafsäcke, sitzen Jessica und Jasmine auf einer Bank und verteilen Ratschläge an Schülerinnen aus der Siebten in Sachen Partnersuche.

»Wie wäre es mit Rahul? Er wäre eine wunderbare Begleitung für den Abschlussball«, sagt Mom. Ihre Abschlussball-Zwangsneurose überkommt sie auch, ohne dass sie ein Ballkleid sieht.

Megans Vater bringt Bagel vorbei, und weil das Gras noch taunass ist, frühstücken wir alle auf den Tennisplätzen.

Bei der Versammlung sprechen Olivia und ich abwechselnd. Alle nicken und klatschen, und zusammen beschließen wir, dass wir hierbleiben werden, bis sie die Kleiderordnung abschaffen oder bis die Polizei uns wegschleift.

Wir organisieren uns so, dass wir nur gruppenweise kurz nach Hause gehen, damit der Großteil von uns immer hier ist.

Ich hoffe wirklich sehr, dass ich nicht noch immer in einem Zelt neben der Fisher-Mittelschule schlafe, wenn die Highschool anfängt.

Wir nehmen unseren Müll mit nach Hause, duschen und kehren zum Zeltplatz zurück, damit die nächste Gruppe gehen kann. Wir haben nicht genug Geld, um noch mehr Mahlzeiten für alle zu besorgen, deswegen isst jeder zu Hause und bringt was für zwischendurch mit. Bis alle wieder zurück sind, ist es später Nachmittag, und wir sind bereit für eine neue Runde Karaoke.

Eine Gruppe aus der Siebten verlässt uns irgendwann, weil ihre Eltern nicht wollen, dass sie unseren Protest nächstes Schuljahr ausbaden müssen. Dafür kommen einige Mädchen dazu, die im Strawberry Hill State Park waren. Nachdem Nick und seine Freunde anfingen, über uns herzuziehen und die Mädchen dumm anzumachen, haben sie es echt bereut, nicht von Anfang an bei uns dabei gewesen zu sein.

»Was haben wir denn verpasst?«, fragt Navya ein paar Mädchen aus der Lacrosse-Mannschaft, die Probleme damit haben, ihr Zelt aufzubauen.

Sie zählen eine ganze Menge Sachen auf:

- Nick hat Ärger bekommen, weil er Eier in die Zelte der anderen geworfen hat.
- Die Baseballspieler haben die ganze Zeit nichts anderes gemacht, als sich gegenseitig den Ball zuzuwerfen.
- Chris Reynolds hat geweint, weil er in eine Scherbe getreten ist, und irgendeine Mutter musste sie ihm aus dem Fuß ziehen.
- Jack Reese hat wegen einer Wette einen Pilz gegessen, und Brads Mutter hat ihn panisch ins Krankenhaus gefahren, weil sie Angst hatte, er könnte sich vergiftet haben.

- Das Wasser war zu kalt zum Schwimmen.
- Ashley hat weder viel gesagt noch getan.

»Klingt toll«, sagt Navya sarkastisch. »Echt schade, dass ich das verpasst habe.«

Pearl zieht Navya und mich ins Zelt und bittet uns, Bea zu fragen, ob sie möglicherweise und ganz vielleicht doch irgendetwas für Pearl empfindet. Als Bea auf dem Weg zu mir nach Hause ist, um aufs Klo zu gehen, fangen wir sie ab. Sie ist völlig überrascht und sagt dann, dass sie Pearl mag, aber nicht auf diese Art. Auf diese Art, sagt sie, mag sie im Moment niemanden.

Wir sind in einer vertrackten Dreiecksgeschichte gefangen.

Wir möchten weder Will noch Pearl traurig machen oder dafür sorgen, dass die Stimmung zwischen uns komisch wird, also beschließen wir, ganz gemein zu sein und ihnen allen einfach aus dem Weg zu gehen.

Weißt-du-noch-Freundinnen

Liza und ich sitzen auf der Bank neben dem Fliederbusch, trinken Limonade durch Edelstahl-Strohhalme und gucken den anderen dabei zu, wie sie Taylor-Swift-Lieder singen.

»Weißt du noch, als unsere Mütter uns nicht erlaubt haben, zum Taylor-Swift-Konzert zu gehen, weil sie keine Lust auf den Stau hatten?«, sage ich.

»Ja. Wir waren so sauer, dass wir uns stundenlang unter meinem Bett versteckt haben.«

»Bestimmt waren es eigentlich nur fünf Minuten.«

»Wenn man klein ist, ist Zeit eine komische Sache.« Liza schnipst einen Käfer weg, der über den Grasfleck auf ihrem Knie schleicht. Sie hält inne. »Moll, ist dir schon mal aufgefallen, dass wir ständig über früher reden? Jedes Mal, wenn wir uns unterhalten, geht es um die schönen Sachen, die wir früher erlebt haben.«

Ich versuche, ihren Gesichtsausdruck zu deuten. »Ja, das stimmt, aber weil es eben immer so schön war. Das war der beste Sommer meines Lebens.«

»Ich weiß. Meiner auch. Aber manchmal würde ich mir wünschen, dass wir neue, schöne Erinnerungen schaffen, anstatt immer an früher zu denken.«

Ich bekomme ein bisschen Bauchweh, und ich verstehe sie. Aber ich weiß nicht, ob wir uns gegenseitig vermissen oder den Sommer vor der siebten Klasse oder beides.

»Heute schaffen wir eine neue Erinnerung«, sage ich. »Das hier werden wir bestimmt nicht vergessen.«

»Nein, bestimmt nicht.«

Ich pflücke einen Fliederzweig von einem niedrigen Ast und stecke ihn Liza hinters Ohr. »*Bonita*«, sage ich. Bevor wir aufstehen, gebe ich ihr einen Kuss auf die Wange. »Wir werden dafür sorgen, dass das ein denkwürdiger Sommer wird, und wenn die Highschool dann vorbei ist, treffen wir uns hier wieder auf dieser Bank und erinnern uns, okay?«

Liza lächelt. »Abgemacht.«

Unheimliche Schritte

Den ganzen Tag lang fahren Dr. Couchmans rotes Auto und Mr Derns schwarzer Jeep auf der Straße vor der Schule auf und ab. Sie fahren im Schritttempo, und zwar so langsam, dass die Autos hinter ihnen hupen.

Irgendjemand rennt mit einem LASST UNS IN RUHE-Schild auf den Bürgersteig. Andere folgen.

Couchman und Dern kommen nicht wieder.

Wer Wahrheit oder Pflicht spielt, sollte Pflicht wählen. Wirklich.

Ich weiß, dass es keine gute Idee ist, aber ich mache trotzdem mit.

Will möchte Wahrheit oder Pflicht spielen und bekommt Rahul, Chen, Clay und Tom dazu, ein paar Leute vor seinem Zelt zusammentreiben.

Nach ein paar Runden zum Aufwärmen, die dazu führen, dass Liza einen winzigen Tannenzapfen isst und Chen zugibt, dass er Angst vor Katzen hat, kommen wir zu der Frage, die Will von Anfang an geplant hat.

Rahul fragt Pearl, ob sie irgendjemanden besonders mag.

Pearl sagt: »Nächste Frage.«

Rahul wirft Will einen Blick zu, aber der schaut runter auf sein Handy. »Hast du für irgendjemanden besondere Gefühle?«

Pearl wirft einen Tannenzapfen gegen die Zeltwand. Er prallt ab und landet auf Clays Kopf. »Okay, das ist jetzt echt blöd. Will, ich mag dich als Freund. Ich finde, du bist der netteste Junge in unserer Klasse. Aber ich mag dich nicht *so*. Tut mir echt leid.«

Will steht auf und klopft sich die Hose ab. »Ich bin raus.«

Er geht auf den Wald zu. Ich gehe ihm nach und greife nach seinem Sweatshirt.

»Kannst du mal stehen bleiben?«

Er dreht sich um. »Du wusstest es, stimmt's?«

Ich nicke. »Ich wollte nicht, dass du dich mies fühlst.«

»Ach, deswegen hast du also zugelassen, dass ich vor allen gedemütigt werde?«

»Es tut mir wirklich, wirklich leid. Ich hätte dir einfach sagen sollen, dass Pearl Bea mag. Aber Bea mag Pearl nicht. Also alles eine einzige Shakespeare-Tragödie.«

»Sie mag Bea?«

»Ja. Vor ihrer Familie und ihren Freundinnen hat sie sich geoutet, aber sie hat es eben nicht auf der ganzen Welt verbreitet.«

Er setzt sich hin und schüttelt den Kopf. »Hat dir je das Herz wehgetan? So ein richtiger Schmerz?«

»Ja, Will. Die ganze Zeit.«

»Das ist furchtbar.«

»Ich weiß.«

»Ich gehe jetzt nach Hause. Ich muss allein sein.«

Auch Frösche haben ihre Grenzen

Mom fragt, ob ich zum Abendessen nach Hause komme. Ich mache mich schnell auf den Weg und suche die Speisekammer nach Toppings für unser Eis-Büfett ab, ein jährliches Fast-Sommer-Ritual, das wir vor ganz langer Zeit begonnen haben.

Mom hat Bratfisch mit Pommes und Brokkoli gemacht und den Tisch auf der Veranda mit Blumen und Kerzen geschmückt.

Daddy kommt aus der Garage, den zappelnden Thibodeaux im Arm wie ein Baby. »Na, Molls. Mensch, Mom hat mir erzählt, dass du unter die Aktivistinnen gegangen bist. Ich bin stolz auf dich.«

»Echt?«

»Aber hallo. Das Einzige, was ich je auf die Beine gestellt habe, war der Battle-of-the-Bands-Wettbewerb.«

»Das war aber total cool, Dad. Hey, kannst du mir eine Protest-Playlist machen?«

»Oha. Ja, das kann ich.«

Mom ruft hoch zu Danny, der sich in sein Zimmer verdrückt hat. »Komm runter, Danny.«

Nachdem sie fünfzehn Minuten versucht hat, Danny zum Runterkommen zu bewegen, gibt Mom auf. Normalerweise würde sie jetzt traurig gucken, ihm ein Tablett aufs Zimmer bringen und schlechte Laune haben. Aber heute Abend setzt sie sich zu uns, breitet die Serviette über ihrem Schoß aus und sagt: »Lasst es euch schmecken.«

Dad möchte alles über unser Protestcamp wissen. Ich schlage ihm vor, nach dem Abendessen mitzukommen, dann kann er es sich selbst ansehen.

Gerade als Mom das Eis rausstellt, kommt Danny runter.

»Weißt du was, Dan: Deine Mutter hat dein Lieblingsessen gekocht, und du hast noch nicht mal den Anstand gehabt, dich zu uns zu setzen.« Dad ist sauer.

»Ich musste auspacken.«

»Das ist keine Entschuldigung«, sagt Mom.

Die Glühwürmchen fliegen davon. Ich glaube, ihnen gefällt es nicht, dass Danny wieder zu Hause ist.

»Willst du vielleicht wenigstens mal Molly begrüßen?«, sagt Mom und schüttelt den Kopf.

»Hallo, Frosch. Du siehst heute ja scheiße aus.«

Ich ignoriere ihn und sehe Mom an. »Kann ich jetzt mein Eis essen? Ich muss gleich wieder los.«

»Los? Wohin denn?« Plötzlich interessiert sich Danny für mein Leben.

Ich bleibe stehen und schaue ihn an. »Ich gehe zu einem Protestcamp, das ich organisiert habe. Mach dich ruhig über mich lustig. Ich lass mich von dir nicht mehr verunsichern. Und nenn mich ruhig Frosch, mir ist das egal. Ich mag Frösche. Viel Glück beim Lernen. Ich hoffe, du schaffst die Abschlussprüfung.«

Danny nimmt sich eine Portion Eis und geht wieder nach oben. Dad, Mom und ich garnieren einen riesigen Eisbecher mit Bergen von Schlagsahne und allen Toppings, die wir haben.

»Mehr Eis für uns«, sagt Dad und wischt sich lilafarbene Zuckerstreusel aus dem Bart.

Ich renne nach oben, um mich umzuziehen – ich entscheide mich für mehrere Schichten übereinander –, putze mir die Zähne und rufe Dad, damit er mich wieder zurück zur Schule fährt.

Als wir dort ankommen, sehen wir, dass jemand Leitkegel vor dem Eingang des Gartens aufgestellt hat, sodass keine Autos mehr vorfahren können. Dad parkt vor dem Laden auf der anderen Straßenseite und begleitet mich zu den Zelten.

»Versprich mir, nicht beim Karaoke mitzumachen, egal, wie sehr du es willst«, sage ich.

»Oh, Molly. Das kann ich dir leider nicht versprechen.«

Der Brief, den ich meinem Bruder
unter der Tür durchschiebe

Lieber Danny,

früher habe ich dich so geliebt. Wenn du mich hässlich
genannt oder so doll geschubst hast, dass mir die Lippe
aufgeplatzt ist, wenn du meine Halloween-Süßigkeiten
geklaut und es den Kobolden in die Schuhe geschoben
hast, dann war mir das egal.
Weil ich dich so sehr geliebt habe, und ich hätte alles
getan, damit du mich auch liebst.
Ich habe dein Zimmer für dich aufgeräumt, war für
dich einkaufen, habe dir Essen aus der Küche gebracht
und dir das Geld gegeben, das ich zum Geburtstag
bekommen habe. Ich habe sogar für dich gelogen und
dein ekliges Nikotin versteckt und so getan, als wäre
das alles okay. Weil du deswegen einen Grund hattest,
in mein Zimmer zu kommen und mit mir zu reden, und
ich mich dann wie deine Schwester gefühlt habe.
Lange, lange habe ich mich an die Erinnerung von
unserem Tag in Atlantis geklammert. Nicht nur, weil es
der beste Tag meines Lebens war, sondern auch, weil
ich dachte, jeder Tag könnte so sein, wenn ich mich nur
genug anstrengen würde.
Aber mir reicht's, Danny. Ich bin eine gute Schwester.

War ich schon immer. Du bist einfach ein schlechter Bruder.

Ich liebe dich noch immer sehr. Aber ich werde keine Energie mehr an dich verschwenden. Die brauche ich für all die wichtigen Dinge, die ich tun will. Ich wünsche dir alles Gute.

Molly

Im Licht meiner Handytaschenlampe lese ich Megan den Brief vor. Tränen fallen auf mein Kopfkissen. Sie hört zu und nickt.

»Gut so?«, frage ich.

»Perfekt«, sagt sie.

Der Milholland-Plan

Wir liegen im Zelt und reden, als Navya ihren Kopf reinsteckt.

»Molly, Ms Lane fragt nach dir.«

»Ms Lane?«

»Ja, Ms Lane. Los, komm.«

Ich suche nach meinen Flipflops und glätte meinen Pferdeschwanz, bevor ich Navya zu den Tennisplätzen folge. Ms Lane steht mit ihrem leuchtenden Vorbild neben ihrem Auto.

»Hallo, Ms Lane.«

»Molly, erinnerst du dich noch an Ms Milholland?«

»Ja, hallo.« Ich bin etwas verwirrt.

Wir setzen uns auf eine Bank, und Ms Milholland wendet sich mir zu. »Ich habe euren Podcast verfolgt und alles, was ihr Mädchen getan habt, und Ms Lane hat mich auch auf dem Laufenden gehalten.«

»Wirklich?«

»Oh, aber sicher. Ich habe mich rausgehalten, aber ich weiß, dass viele eurer Lehrerinnen gar nicht glücklich mit der Kleiderordnung sind und wie ihr beschämt werdet. Ich will ja niemandem auf die Füße treten, aber bei unseren gemeinschaftlichen Abendessen einmal im Monat bekomme ich immer ganz schön was zu hören.«

Ich schätze mal, dass Dr. Couchman, Mr Dern und die

Fingerspitze nicht zu diesen monatlichen Abendessen eingeladen werden.

»Hör zu, ich habe eine Idee«, sagt sie und nimmt meine Hand zwischen ihre dünnen, knochigen Finger. »Was wäre, wenn ich dafür sorge, dass morgen Abend eine Sondersitzung der Schulbehörde einberufen wird? Eine öffentliche Sitzung, sodass ihr all eure Argumente vortragen könnt? Und im Gegenzug packt ihr hier zusammen und hört auf, Dr. Couchman in den Wahnsinn zu treiben?«

Ich zögere. »Die Vorsitzende hat auch gesagt, dass sie eine Sitzung einberufen, aber wir haben das Gefühl, sie werden sich irgendeinen Vorwand einfallen lassen, um uns weiter links liegen zu lassen. Und Ms Milholland, wir wollen wirklich nicht, dass die Sechstklässler dasselbe durchmachen müssen wie wir. Das ist uns wichtig.«

Sie nickt. »Ich verstehe. Und ich kann euch alle für eure Protestaktion nur loben. Wie wäre es, wenn ich eine wirkliche Sitzung organisiere, bei der es garantiert eine Entscheidung gibt? Noch habe ich in dieser Behörde etwas Einfluss. Genau genommen schuldet mir Mae noch was, weil ich ihre Hose genäht habe, als sie ihr in der dritten Klasse am Po geplatzt ist.«

Wir lachen.

»Ich muss mit meinen Freundinnen reden«, sage ich.

»Mach das, Schätzchen.«

*

Es ist schon spät.

Wir haben weder die Zeit noch die Kraft, alle zu den Tennisplätzen zu rufen, also machen wir das, was jede von uns tun würde, wenn sie eine Entscheidung treffen muss.

Wir schicken eine Nachricht an alle.

Wir wägen ab, was dafür- und was dagegenspricht, zusammenzupacken, nach Hause zu gehen und unser Anliegen in einer weiteren Sitzung der Schulbehörde vorzutragen.

Für den Milholland-Plan spricht:

- Ms Milholland unterstützt uns, und alle lieben sie.
- Sollte die Schulbehörde entscheiden, die Kleiderordnung beizubehalten, können wir wiederkommen.
- Wir werden die Möglichkeit haben, unsere Geschichten zu erzählen und unsere Argumente vorzutragen.
- Wir können nach Hause gehen, duschen und in unseren eigenen Betten schlafen.

Gegen den Milholland-Plan spricht:

- Wir haben gesagt, dass wir nicht gehen, bevor es eine Entscheidung gibt, und das könnte uns schwach aussehen lassen.
- Es macht Spaß, Dr. Couchman und die Fingerspitze in den Wahnsinn zu treiben.

Am Ende entscheiden wir uns für den Milholland-Plan. Ich rufe Ms Lane, und innerhalb von einer Stunde geht folgende E-Mail an all unsere Eltern raus:

Liebe Eltern und Betreuerinnen,

wie Sie bestimmt schon wissen, haben einige unserer FMS-Schülerinnen und -Schüler ein Protestcamp errichtet, um gegen die als ungerecht empfundene Kleiderordnung zu protestieren. Die Schulbehörde hat Verständnis für ihr Anliegen und lobt ihren leidenschaftlichen Einsatz gewaltlosen Widerstandes, um sich Gehör zu verschaffen. Die Schülerinnen und Schüler haben eingewilligt, heute Abend nach Hause zurückzukehren, und wir werden uns morgen Abend um 19 Uhr zu einer Sondersitzung der Schulbehörde treffen, um die Kleiderordnung in der Mittelschule zu diskutieren. Wenn Sie oder Ihr Kind sich zu Wort melden wollen, beschränken Sie sich bitte auf zwei Minuten. Wir freuen uns darauf, diesen Sachverhalt schnellstmöglich zu klären.

Mit freundlichen Grüßen
Mae Dunn, M. Sc., MD
Vorsitzende der Schulbehörde

»Ich hoffe, dass nicht nur wir und unsere Mütter kommen«, sagt Olivia, während sie zusammen mit Pearl das Zelt abbaut.

»Niemals.« Ich sehe all die Leute um uns herum an, die gerade zusammenpacken. »Hier sind bestimmt über zweihundert Menschen. Die sind jetzt alle mit dabei.«

Böse Geister

Als wir in der vierten Klasse waren, haben Will und ich das Baumhaus zu Halloween mit künstlichen Spinnweben und Plastikskeletten dekoriert. In der Halloweennacht sind wir dann mit LED-Kerzen und einem Gerät hochgeklettert, von dem Will geschworen hat, dass es ein Gespensterdetektor ist. Er hat mir verraten, dass er schon immer ein Gespensterjäger war und er Geister und Dämonen überall sehen und spüren kann, aber dass er das noch nie irgendjemandem erzählt hat.

Ich hatte solche Angst, dass ich mich kaum bewegen konnte.

»Sind jetzt welche hier?«, habe ich gefragt.

Er hat ein unheimliches Gesicht gemacht und sich eine Kerze vor die Augen gehalten. »Leider ja. Und sie sind sehr, sehr böse.«

Ich habe angefangen zu zittern, und Will hat die Kerzen genommen und ist abgehauen. Ich habe geschrien, so laut ich nur konnte, bis mich Mrs Brown ein paar Häuser weiter gehört und meine Eltern angerufen hat, die gerade in voller Lautstärke einen Film geguckt haben.

Viel zu lange habe ich danach zwischen meinen Eltern im Bett geschlafen, und irgendwann hat Wills Mom ihn dazu gebracht, zuzugeben, dass er alles nur erfunden hat. Das habe ich ihm aber nicht mehr geglaubt.

*

Vor der Schule klopfe ich bei Will an die Hintertür. Er sitzt in der Küche und isst Cornflakes.

»Hallo, Molly«, sagt seine Mom und öffnet die Fliegengittertür. »Komm rein. Wie geht es unserer Nachbarschafts-Aktivistin?«

»Gut, glaube ich.«

»Na los, Will, geh mit Molly, dann muss ich dich nicht fahren.«

»Nein, Mom. Ich bin müde, du musst mich fahren.«

Sie nimmt ihn an den Schultern und schiebt ihn zur Tür hinaus. Wir stehen uns gegenüber, und ich stelle fest, dass Will plötzlich viel größer ist als ich.

»Tut mir leid«, sage ich, während er einfach an mir vorbeigeht.

»Du hast mich blamiert.«

»Ich wollte dich nicht verletzen, deswegen habe ich einfach gehofft, es geht vorbei.«

»Du hast gewusst, wie verliebt ich war, und du dachtest, dass das einfach vorbeigeht?«

»Will, bleib stehen!«, rufe ich.

Er bleibt stehen.

»Es tut mir leid. Wirklich, wirklich leid. Und ich weiß, wie sehr dich das mitnimmt, aber Pearl möchte trotzdem noch, dass ihr befreundet seid. Und falls es dir damit besser geht, können wir sagen, dass wir wegen dem Gespensterjäger quitt sind.«

Sein Gesichtsausdruck verändert sich ein wenig.

»Das hast du seit Jahren gegen mich in der Hand. Heißt das, dass du es nie mehr erwähnen wirst? Wenn ich dir verzeihe?«

Ich zögere. »Na ja, der Gespensterjäger war viel schlimmer. Das musst du schon zugeben.«

»Finde ich nicht.«

»War es aber. Ich habe monatelang bei meinen Eltern im Bett geschlafen.«

»Okay. Ich verzeihe dir. Aber dann sind wir auch wirklich quitt. Wir werden den Gespensterjäger für den Rest unseres Lebens nicht mehr erwähnen.«

»Und wenn wir die Geschichte eines Tages unseren Kindern erzählen wollen?«

Er starrt mich an. »Ich will keine Kinder mit dir haben.«

Ich lache. »Nein, du Idiot. Ich meine als Geschichte, die wir unseren Kindern erzählen, wenn sie unsere Eltern zu Weihnachten besuchen?«

»Denken Mädchen über so was nach?«

»Also ... sind wir quitt?«

»Wir sind quitt.« Er klatscht mir auf den Rücken und rennt davon.

»Mach mal langsam«, rufe ich ihm hinterher.

»Schhhh.« Er bleibt stehen und deutet auf einen Baum vor uns zur Linken.

Ein Babybär hängt von einem niedrigen Ast. Schnell schaue ich mich nach der Bärenmutter um, aber sie ist nicht zu sehen.

»Was machen wir jetzt?«, flüstere ich. »Es fällt gleich runter.«

»Geh einfach weiter.«

Langsam gehen wir den Pfad entlang und sehen uns alle paar Sekunden um.

Wir hören einen dumpfen Knall, als das Bärenjunge unbeschadet auf den Boden plumpst.

»Puh«, sage ich. »Das war knapp.«

Es klingelt.

Es ist der zweitletzte Schultag, und wir sind zu spät.

*

Die Lehrer sind genauso erledigt wie wir, also gucken wir in fast jeder Stunde einen Film. Sie sollten uns in die Aula schicken und uns allen denselben Film zeigen, dann könnten wir ihn auch zu Ende schauen, und ich würde nicht *Die Outsider* mit *Eine Reise durch die Physik* verwechseln.

»Zwei Minuten, um das zu sagen, was wir sagen wollen, ist nicht besonders viel«, flüstere ich Megan zu. Mr Lu versucht gerade herauszufinden, warum der Film nicht weiterläuft.

»Das müssen wieder die Geister sein«, sagt er und schaut mit zusammengekniffenen Augen auf seinen Laptop.

Alle lachen, weil er nicht merkt, dass wir seine persönlichen Nachrichten auf der Leinwand sehen können.

»Das kriegst du schon hin«, sagt Megan. »Sprich einfach ganz schnell.«

Wieder und wieder lese ich mir die Kleiderordnung durch.

Und jedes Mal werde ich noch wütender und noch entschlossener.

Echt schwache Nerven

Tom ist beim Mittagessen noch stiller als sonst.

»Danke, dass du beim Protestcamp dabei warst. Hattest du Spaß beim Karaoke?«, fragt Navya und bietet ihm Salzstangen an.

Er nickt.

»Alles okay, Tom?«, fragt Bea.

Er nickt.

»Komm schon, Tom. Du kannst mit uns reden«, sage ich.

Er kaut langsam auf seinem Brot rum. »Ich weiß nicht, mit wem ich nächstes Schuljahr mittagessen soll. Egal. Alles okay.«

Bea sieht mich an. »Oh, Tom. Wir werden doch noch auf derselben Schule sein. Selbst wenn wir nicht alle zur gleichen Zeit Mittagspause haben, eine von uns wird da sein. Wir sind bis zum allerletzten Schultag in unserem Leben Mittagspausen-Freunde.«

Er nickt. »Das ist cool.«

Ich weiß, dass Tom auf uns zählen kann, aber nachdem Ashley uns fallen gelassen hat, hoffe ich, dass auch wir weiter aufeinander zählen können.

»Warum isst du nichts, Molly?«, fragt Bea.

»Echt schwache Nerven.«

Die Fingerspitze kommt rein und geht im vorderen Teil der Schulmensa auf und ab. Sie macht ein Gesicht, als hätte sie gerade eklige Medizin geschluckt, und dann geht sie wieder raus. Sie fragt sich bestimmt, was aus ihrem Job wird, falls es uns gelingt, die Kleiderordnung zu kippen.

Ich glaube, wir haben heute alle schwache Nerven.

Lippenbalsam für die Freundschaft

Bea, Navya und ich klingeln bei Ashley. Ihre Mutter macht auf und lässt uns reinkommen. Ich hoffe, Ashleys Mutter muss nie Poker spielen, denn ihr Gesicht verrät alles, was sie denkt.

Ashley sitzt am Rand ihres Pools und scrollt durch Instagram.

Wir rennen zu ihr hin, und sie sieht überrascht und traurig aus, beides gleichzeitig.

»Wir lieben dich immer noch, weißt du?«, sagt Navya.

»Ich euch auch.«

Das ist wie Lippenbalsam für spröde Lippen. Ein paar Minuten lang fühlt es sich gut an, aber die Lippen bleiben spröde. Ich weiß nicht, ob ich in der Highschool noch mit Ashley befreundet sein werde, aber im Moment können wir alle ein bisschen Balsam gebrauchen.

Wir fangen an, ihr zu erzählen, was wir bei der Sitzung der Schulbehörde sagen wollen.

»Warum macht ihr so was? Warum könnt ihr nicht einfach normal sein?«, fragt Ashley.

Und schon wirkt der Balsam nicht mehr.

Währenddessen bekomme ich von Pearl eine Nachricht nach der anderen.

Pearl: Ich will heute Abend da nicht hin.

Ich: Was? Wieso???

Pearl: Navya hat mir erzählt, was Bea gesagt hat. Ich will sie nicht sehen. Das ist absolut das Peinlichste aller Zeiten.

Ich: Das tut mir echt leid, aber bitte sei heute Abend mit dabei. Bestimmt ist es wie mit allen Sachen, die peinlich sind. Wie meine Oma immer sagt: Auch das geht vorbei.

Pearl: Okay, das hilft mir jetzt nicht so wirklich weiter. Sag schon, was soll ich tun?

Ich: Wenn du wie immer bist, wird Bea das auch sein. So wie bei dir und Will.

Pearl: Soll ich mit ihr sprechen?

Ich: Sie ist hier bei mir. Möchtest du mit ihr facetimen?

Pearl: Ooooooh. *NEIN.* Warum hast du mir nicht gesagt, dass sie da ist?

Ich: Weiß ich nicht.

Pearl: Meine Güte, Molly.

Nicht in Ordnung: ein Kleider-Podcast
Episode elf

Ich: Hallo, Fisher-Mittelschule und alle anderen da draußen. Hier ist Molly Frost, und ihr hört *Nicht in Ordnung: ein Kleider-Podcast*, Episode elf. Heute Abend senden wir live aus der Aula der alten Fisher-Mittelschule, wo wir die Schulbehörde gleich bitten werden, die Kleiderordnung komplett zu streichen.

Die Aula füllt sich. Ganz viele Schülerinnen aus unserer Schule kommen rein, und die Leute der Schulbehörde sollten auch gleich hier sein.

Ich: Dr. Couchman, Mr Dern und die Frau, die wir die Fingerspitze nennen [unterdrücktes Gelächter meiner Freundinnen], und die anderen Kleiderordnungshüter haben in unserer Schule für sehr viel Stress gesorgt. Ich glaube nicht, dass sie verstehen, wie schwer es sowieso schon für uns ist, morgens etwas zum Anziehen zu finden, in dem wir uns wohlfühlen. Und sie machen es noch viel schlimmer. Wir möchten einfach noch eine Weile Kinder sein können.

Die Leute der Schulbehörde kommen von hinten auf die Bühne und nehmen ihre Plätze ein. Es ist laut. Mae Dunn schaltet das Mikrofon ein. Ich nehme mit meinem weiter auf.

»Ich danke allen, dass Sie so kurzfristig kommen konnten, auch meinen Kolleginnen und Kollegen, die ihre Pläne geändert haben, um heute Abend hier sein zu können.« Sie schaut nach unten auf einen Stapel Papiere. »Wir sind heute Abend hier, um die Schülerinnen der Fisher-Mittelschule anzuhören, die an unsere Behörde appellieren, die Kleiderordnung abzuschaffen.«

Ich greife in die Tasche meiner Shorts und nehme den Mutmachstein heraus, den mir Violetas Mutter geschenkt hat. *DU SCHAFFST DAS.* Ich halte ihn in meiner linken Hand und werfe einen Blick auf die Seiten, die ich aus der Schulordnung rausgerissen habe.

Von draußen hören wir Sprechchöre. Sie werden lauter und lauter. Die Hintertür geht auf, und Jessica und Jasmine kommen mit Olivias Schwester rein, gefolgt von Dutzenden von Schülerinnen und Schülern aus der Highschool, die alle rufen: »Genug ist genug!«

»Jetzt reden wir!«

»Genug ist genug!«

»Jetzt reden wir!«

Schockiert sehen wir uns um. Sie marschieren die Sitzreihen entlang und stellen sich hinter uns – fast unsere gesamte Schule und ein endloser Strom von Leuten aus der Highschool – Mädchen, Jungen, die alle weiter rufen: »Genug ist genug! Jetzt reden wir!«, während sie sich einen Platz suchen. Innerhalb von wenigen Minuten stehen sie rundherum an allen Wänden der Aula.

Neben mir macht Liza große Augen. *Wow*, sagt sie lautlos.

Ich zucke mit den Schultern. Ich hätte niemals damit gerechnet, dass so viele Leute kommen würden. In einer Ecke sehe ich die Reporterin vom Zweiten Programm, die mit den sehr weißen Zähnen und dem riesigen Babybauch. Ihr Baby zappelt bestimmt wie wild bei all dem Lärm.

Mae Dunn steht auf und hebt die Hände. Es dauert eine Weile, aber allmählich wird es ruhiger.

»Wie ich sehe, sind die Gemüter gerade sehr erregt. Lasst uns das nun ordnungsgemäß durchführen, damit auch alle gehört werden können. Vor jedem Gang stehen zwei Mikrofone. Wer etwas sagen möchte, stellt sich bitte vor einem der Mikros auf.«

Ich erstarre. Als es nur die Leute aus der Siebten und Achten waren, wollte ich eigentlich aufspringen und an die Spitze der Schlange gehen. Aber jetzt habe ich echt Angst, und alle aus der Highschool und alle Erwachsenen starren mich an und warten darauf, dass ich anfange.

Ich lehne mich Richtung Mikrofon, räuspere mich und beginne, die Kleiderordnung der Fisher-Mittelschule vorzulesen, eine nicht laminierte Version von Dr. Couchmans Schätzchen.

»Der Ausschnitt eines T-Shirts, Tops oder Kleides muss den oberen Brustbereich bedecken. Ein frei liegender Ausschnitt ist untersagt. Das Rückenteil des T-Shirts muss den unteren Rücken des Schülers oder der Schülerin bedecken, wenn der oder die Schüler*in sitzt. Bauchfreie T-Shirts sind untersagt. Tanktops, Bandeau-Tops oder Shirts mit großem Armausschnitt sind untersagt. T-Shirts, die bei ausgestreckten Armen über die Fingerspitzen hängen, müssen reingesteckt werden.«

Ein Typ ruft »Die Fingerspitze« aus den hinteren Reihen, und alle lachen. Ich warte ein paar Sekunden und lese weiter vor.

»Besonders enge oder entblößende Kleidung ist untersagt. Shorts, Röcke und Kleider müssen länger sein als die ausgestreckten Fingerspitzen des Schülers oder der Schülerin, während er oder sie steht. Die Naht an der Beininnenseite muss mindestens 12 Zentimeter lang sein. Keine ungewöhnlichen Haarfarben oder Frisuren sind erlaubt.«

Ich lese die gesamte Kleiderordnung der Fisher-Mittelschule vor.

Dann ertönt ein Summton. Meine zwei Minuten sind vorbei.

Eine nach der anderen kommen sie nach vorne, ergreifen das Wort und erzählen ihre Geschichten.

Die Geschichten sind alle anders und doch alle gleich.

Ein Mädchen hat sich im Klo versteckt, weil sie Angst vor Dr. Couchman hatte.

Ein Transmädchen wurde von Mr Dern verhöhnt, weil sie Lippenstift trug.

Demselben Mädchen wurde gesagt, dass sie Hose, Hemd und Krawatte zu tragen habe oder nicht bei der Abschlussfeier dabei sein dürfte, obwohl ihre Mutter ihr ein wunderschönes weißes Kleid gekauft hatte.

Ein weiteres Mädchen hatte eine Jogginghose mit Wörtern auf dem Hintern an und wurde gezwungen, den ganzen

Tag lang diese grausige weinrote Katzenhaar-Zigaretten-
und-vergammelte-Bananen-Gestank-Strickjacke zu tragen.

Die Strickjacke der Schande.

Liza erzählt die Geschichte von ihrem ersten demütigen-
den Tag an der Fisher-Mittelschule.

Ein Gabriel aus der Elften steht auf, und für einen Moment ist er ganz erstarrt. Offensichtlich ist er total aufgeregt.

»Alles okay«, sagt Mae Dunn. »Lass dir Zeit.« Er erzählt
von seiner Schwester, die jetzt in Massachusetts im Internat
ist. Sie hatte einfach nichts gefunden, was ihr gut passte, und
deshalb war sie in der Schule ständig befangen und unsicher
und hatte jeden Tag große Angst davor, gekleiderordnet zu
werden. Irgendwann hat sie sich schließlich geweigert, überhaupt zur Schule zu gehen. Sie musste eine Therapie machen
und wurde zu Hause unterrichtet, weil sie so traumatisiert
war. »Die Fisher-Mittelschule hat meiner Schwester die
Würde genommen. Das muss aufhören.«

Gabriel geht den Gang entlang, und Jessica tritt als
Nächste nach vorne.

Ich beobachte, wie Gabriel zurück zu seinen Freunden
geht. Er ist echt süß. Und nett. Und wirklich sehr süß.

Ich freue mich plötzlich noch viel mehr auf die Highschool.

Lehrer stehen nebeneinander an der Wand und hören mit
entsetzten Mienen zu. Eltern werfen sich gegenseitig Blicke
zu und schütteln den Kopf. Als Talia sich vom Mikrofon ab-
wendet, nachdem sie von der Chorprobe und ihren Haaren

erzählt hat, streckt Ms Milholland die Hand aus und drückt ihren Arm.

Ein weiterer Junge aus der Elften kommt nach vorne und sagt uns, dass er jeden Tag und die ganze Zeit von Mädchen abgelenkt ist (alle lachen), aber dass das nichts damit zu tun hat, wie viel er von ihren Schultern sieht, oder damit, dass ihre Shorts nicht länger sind als ihre Fingerspitzen. »Das, meine Freunde, ist absurd.«

Immer wieder brandet der Ruf »Genug ist genug« auf.

Ein Mann geht zum Mikro und räuspert sich: »Ich will nur sagen, dass all diese Kinder einen Tritt in den Allerwertesten brauchen für das, was sie hier abziehen.« Er wird ausgebuht.

»Lasst ihn ausreden«, sagt Mae Dunn.

»Ihr seid respektlos. Widerlich, dass ihr Gören noch nicht einmal anständige Kleidung anziehen könnt, ohne zu protestieren. Ihr seid total verzogen, und ich hoffe, die Schulbehörde zeigt euch eure Grenzen auf.«

Es wird noch mehr gebuht, aber manche klatschen auch.

Eine Frau geht zum Mikro. »Ich bin ganz seiner Meinung. Es fehlt euch an Respekt.« Sie setzt sich wieder.

Einen Augenblick lang bewegt sich niemand. Ich will nicht, dass die Worte dieser Frau das Letzte sind, was die Schulbehörde hört. Ich gehe meine Notizkarten durch, um zu sehen, ob ich noch irgendetwas ergänzen kann. Aus dem Augenwinkel sehe ich, dass Olivia aufsteht. Pearl steht hinter ihr und nimmt ihre Hand.

»Hallo«, sagt Olivia leise. »Ich bin Olivia. Manche Leute

nennen mich Tampon-Versagerin. Das ist okay. Ich bin daran gewöhnt. Also, in den Frühjahrsferien bin ich mit meiner Tante shoppen gegangen und habe mir eine weiße Hose gekauft. Ich konnte es kaum erwarten, sie anzuziehen. Denn ich fühlte mich so selbstbewusst in meiner neuen Hose und meinem UCLA-Sweatshirt.«

»Ja, UCLA«, ruft Jasmine.

Olivia lächelt. »Nach der Mathestunde bin ich aufgestanden, und meine Freundin Pearl hier hat getan, was jede gute Freundin tun würde: Sie hat mir gesagt, dass ich meine Tage bekommen habe und dass man das hinten auf meiner Hose sehen kann. Ich wurde ganz panisch, habe mir das Sweatshirt um die Taille gebunden und wollte meine Schwester anrufen. Aber Dr. Couchman hat mich angehalten, weil ich ein Tanktop trug. Ich musste ihm in den Garten folgen, und da hat er mir gesagt, dass ich der gesamten achten Klasse den Klassenausflug verdorben hätte. Der Rest ist bekannt. Ich möchte Molly Frost und allen anderen danken, die für mich eingetreten sind. Das hätte der schlimmste Monat meines Lebens werden können. Aber stattdessen war es der beste.«

Genug ist genug.

Die Sache mit der Seele

Wisst ihr noch, diese winzigen Stückchen, die Teilchen, die abbrechen und verbrennen und davonfliegen?

Ich habe gute Nachrichten. Sie kommen zurück.

Jahrbuch-Tag

Will und ich sind im Baumhaus. Ohne unsere Plakate wirkt es leer. Sie liegen hinten in unserem Minivan und warten darauf, durch die Straßen getragen zu werden, sollten wir von der Schulbehörde schlechte Nachrichten bekommen. Wir blättern durch unsere Jahrbücher und müssen darüber lachen, wie jung wir am Anfang des Schuljahres ausgesehen haben.

»Was würdest du denn jetzt neben dein Foto schreiben?«, fragt Will.

»Du meinst, anstatt ›Lacrosse, Klarinette und verschiedene Musikrichtungen‹? Findest du das etwa nicht interessant?« Ich wühle meinen Rucksack nach einem passenden Stift durch. »Ich glaube, ich würde schreiben ›Genug ist genug‹, und dann können sich meine Enkelkinder in fünfzig Jahren darüber den Kopf zerbrechen.«

»Ich würde schreiben ›Pearl ist nicht eure Großmutter‹.«

»Sehr lustig.«

Der letzte Schultag war total seltsam. Dr. Couchman und die Fingerspitze haben sich *krank*gemeldet. Mrs Peabody hat allen erzählt, dass sie Maul- und Klauenseuche haben und dass das sehr ansteckend ist und sich deswegen alle die Hände waschen sollen.

»Ich glaube ja, es ist ein schwerer Fall von Maul-halten-und-aufhören-unsere-Nerven-zu-klauen-Seuche«, sagt Will, scrollt durch mein Handy und liest die ganzen Witze dazu in unserem Gruppenchat.

BRIEF BRIEF BRIEF, schreibt Liza.

Sie postet ihn auf @NichtInOrdnungEinKleiderPodcast.

Liebe Eltern,

die Schulbehörde hat die Wortmeldungen und Briefe ge-prüft, die wir sowohl gestern Abend bei der Sondersitzung als auch per E-Mail erhalten haben. Die Beiträge und das gemeinschaftliche Interesse in dieser Sache wissen wir sehr zu schätzen.

Während alle Beiträge überzeugend waren, sind uns einige Dinge besonders aufgefallen. Zum einen hat sich die High-school anscheinend nie an ihre Kleiderordnung gehalten, es gab seltene Vorfälle von Hassrede, die sofort geahndet wur-den, aber ansonsten haben die Schülerinnen und das Kol-legium die Kleiderordnung nicht beachtet. Zum anderen waren wir besonders betroffen darüber, dass es einige Fälle gegeben zu haben scheint, in denen verschiedene Mädchen ein und dasselbe Outfit getragen haben und das eine abge-mahnt wurde und das andere nicht. Die Umsetzung der Kleiderordnung an der Fisher-Mittelschule war tatsäch-lich nicht einheitlich.

Diskriminierung in jedweder Form wird in unserem Stadtteil nicht toleriert. Die Tatsache, dass eine junge Frau bestraft wurde, nachdem ein junger Mann ihre Haare be-rührt hat, ist sowohl verstörend als auch inakzeptabel. Wir werden ab sofort einige Programme implementieren sowie personelle Konsequenzen ziehen.

Ich kann Ihnen versichern, dass wir die Sache sehr ernst nehmen. Wir entschuldigen uns sowohl dafür, dass uns das bislang entgangen ist, als auch für die Unachtsamkeit des stellvertretenden Schulinspektors gegenüber der Petition. Nach reiflicher Überlegung haben wir uns entschieden – mit einem Wahlresultat von 5 zu 2 Stimmen –, die Kleiderordnung sowohl aus der Schulordnung der Fisher Mittelschule als auch aus der der Fisher-Highschool zu streichen. Im Sommer werden wir mithilfe der jungen Frauen, die Vorkämpferinnen in dieser Sache waren, eine neue Kleiderordnung schreiben. Ihnen gilt unser besonderer Dank, ihnen und allen, die ihre Stimme erhoben haben. Und auch Ms Susanna Milholland für ihre Weisheit und ihre Hilfe.

Ich wünsche allen einen schönen und heiteren Sommer.

Mae Dunn, M. Sc., MD
Vorsitzende der Schulbehörde

Prinz Willibald und Prinzessin Mollyblüte
haben eine Menge zu feiern

Will springt auf und ab. Er stößt mit dem Kopf an die Decke des Baumhauses, und ich schicke Mom eine Nachricht, dass wir einen Eisbeutel brauchen. *Aber guck erst in deine E-Mails.*

Sie kommt rausgerannt, hat den Eisbeutel vergessen, rennt wieder zurück und stellt sich dann sehr ungeschickt an, als sie zu uns ins Baumhaus klettert.

»Du hast es geschafft, Molly«, sagt sie mit Tränen in den Augen. »Ich bin so stolz auf dich.«

»Ich auch«, sagt Will.

»Ich bin stolz auf uns«, sage ich. Ich lese den Brief noch einmal laut vor. »Ich hoffe, ›Programme‹ und ›personelle Konsequenzen‹ bedeutet, dass ein paar Persönlichkeiten umprogrammiert werden.«

Mom geht wieder ins Haus, um alle anzurufen, die sie kennt, und ihnen zu erzählen, dass ich es geschafft habe. Nachdem sie so viel Zeit damit verbracht hat, wegen Danny zu weinen und zu klagen, muss es sich für sie wunderbar anfühlen, mit ihrem Kind angeben zu können.

Will hält sich den Eisbeutel an den Kopf, und wir warten auf die anderen, damit wir feiern können.

»Du hast nie bei meinem Podcast mitgemacht«, sage ich.

»Falls ich je gekleiderordnet werde, mache ich mit.«

»Okay. Abgemacht.«

Warum die Mittelschule
doch nicht so schlimm ist

- Gute Noten bekommen, obwohl man gedacht hat, man hätte den Test verhauen.
- An Halloween mit übergroßen Kissenbezügen in der Nachbarschaft Süßigkeiten sammeln.
- Schlittenfahren an verschneiten Tagen.
- Klassenausflüge und Pfadfindertreffen.
- Etwas lernen, was man eines Tages tatsächlich anwenden kann.
- Pizza-Freitage.
- Am Geburtstag bis nach Mitternacht aufbleiben, damit man auf Snapchat die Glückwünsche seiner Freundinnen angucken kann.
- Das Lieblingsoutfit tragen.
- Ein Tor schießen.
- Eine Woche, einen Tag, einen Augenblick mit Mom oder Dad verbringen, während es sich anfühlt wie früher.
- Mit seinem Bruder Brettspiele spielen.
- Neue Freundschaften schließen.
- Alte Freundschaften wiederaufleben lassen.
- Süßigkeiten von seinem Sitznachbarn bekommen, wenn man sehr, sehr hungrig ist.
- Von einer Lehrerin gesagt zu bekommen: »Wow. Das war großartig.«

- Von einem Elternteil gesagt zu bekommen: »Wow. Das war großartig.«
- Von sich selbst gesagt zu bekommen: »Wow. Das war großartig.«
- Zur Eisdiele gehen.
- Ein Lächeln von jemandem aus der Highschool im Bus geschenkt bekommen.
- Samstags ausschlafen.
- Schulausfall.
- Im Unterricht Filme gucken.
- Viele erwachsene Menschen in ein Baumhaus für Kinder quetschen, um Unmengen an Junkfood zu essen, dauernd umarmt zu werden und ganz viel zu singen.
- Wissen, dass das Beste noch kommt.
- Sich Gehör zu verschaffen.
- Zu wissen, dass man eine Stimme hat.

Dannys Brief

Liebe Molly,

ich habe deinen Brief bekommen. Du kannst besser schrei-
ben als ich. Ich weiß, dass ich ein schlechter Bruder bin.
Es tut mir leid. (Diesmal kein Witz – es tut mir wirk-
lich leid.) Du stehst mit beiden Beinen im Leben. Mach
weiter so. Ich werde zu Oma fahren, sie wird mich wieder
in Form bringen. Denn sie hat keine Angst, mir die Oh-
ren lang zu ziehen (auch kein Witz). Wir sehen uns bald.
Wenn ich zurückkommen soll, um irgendeinem Typen in
den Hintern zu treten, dann mache ich das. Aber ich bin
mir ziemlich sicher, dass du das auch selber schaffst.

Alles Liebe
Danny

Mädchen in weißen Kleidern

Mom und Dad stehen mit mir vor den Rosenbüschen in Violetas Garten, um Fotos zu machen.

Wir lächeln, stellen uns in Pose und schneiden Grimassen. Noch mehr Familien tauchen auf, um Beweisfotos davon zu machen, dass wir alle die Mittelschule überlebt haben.

»Jetzt nur du und Will«, sagt Wills Mutter.

»Beeil dich, Mom. Das ist voll peinlich.« In Kakis und Hemd und Krawatte ringt Will sich ein Lächeln ab.

»Das ist ein wunderschönes Kleid, Molly«, sagt Wills Mom.

Bei einem ursprünglichen Preis von 425 Dollar will ich das auch hoffen.

All meine Freundinnen für ein Foto zusammenzutreiben, bringt mich ganz schön ins Schwitzen. Vor einem Monat wäre das noch einfach gewesen: nur Navya, Ashley, Bea und ich. Aber jetzt, nach allem, was passiert ist, brauche ich sie alle hier bei mir im Garten. Wir brauchen ein Foto von uns allen in unseren weißen Kleidern.

Navya, Bea und ich. Megan Birch. Liza, Pearl und Olivia. Mary Kate und Lucy, die die Abschiedsfeier mitorganisiert haben, und Talia, die gleich ein Solo singen wird.

»Bereit?«, frage ich Bea und Navya.

»Jup«, sagt Navya und geht zur Seitentür.

»Warte mal kurz«, sagt Pearl. Sie stellt sich hinter Will und tippt ihm auf die Schulter. Er dreht sich um und sieht etwas überrascht aus. Sie flüstert ihm was ins Ohr, und dann klatscht sie ihn ab. Er lächelt und eilt Chen hinterher.

Bea und Pearl haben vor der Sondersitzung miteinander gesprochen. Nach zwei peinlichen Minuten haben sie sich zwanzig Minuten über K-Pop unterhalten. Das ist gut, denn wir wollen alle zusammen zelten gehen (diesmal ohne Protest), und es würde keinen Spaß machen, wenn sich manche aus dem Weg gehen.

»Wo ist Dan?«, fragt Liza.

»Zu Hause.«

»Tut mir leid.«

»Nein, das ist gut so. Ich habe ihn gebeten, zu Hause zu bleiben. Ich wollte nicht, dass er zwischen all den Leuten aus der achten Klasse sitzt, die seinetwegen vapen gelernt haben.«

»Stimmt.«

Wir gehen nacheinander in die Schulmensa, und ein mürrischer Dr. Couchman begrüßt uns mit Handschlag. Er kann seinen Hass auf Kinder genauso schlecht verbergen wie Ashleys Mutter.

Nick steht bei seinen Gefolgsleuten. Ich frage mich, ob er über den Sommer ein wenig reifer werden oder ob er sich weiter dumme Spitznamen für Leute ausdenken wird, die viel wichtigere Dinge im Kopf haben werden als seinen Quatsch.

Wir stehen in Gruppen zusammen und waren darauf, in die Turnhalle zu gehen. Der Chor der siebten Klasse singt gerade, und ich rede Talia gut zu, die Angst davor hat, gleich auf die Bühne zu gehen.

»Bitte stellt euch auf«, sagt Dr. Couchman mit zusammengebissenen Zähnen. »Mrs Aeyler wird die Programmhefte verteilen.«

»Wer ist Mrs Aeyler?«, fragt Bea.

»Die Fingerspitze«, sage ich und nicke Richtung Kontaktlehrerin. Jetzt, da sie keine Mädchen mehr schikanieren darf, frage ich mich, zu wem sie nächstes Schuljahr überhaupt Kontakt haben wird.

»Wow, die haben sich ja schnell von ihrer Maul- und Klauenseuche erholt«, sagt Megan.

Ich renne zu Ashley rüber und tippe ihr auf die Schulter. »Hallo, Ash. Du siehst so hübsch aus.«

»Du auch, Moll.«

Das fühlt sich komisch an, und ich frage mich, ob es jetzt immer so zwischen uns sein wird. Aber wer weiß, was die Highschool bringt.

Wir gehen in die Turnhalle und setzen uns in die mittleren Reihen, umringt von unseren Eltern, die sich mit den Programmheften Luft zufächeln, weil es brutal heiß ist.

Vor einer Woche wussten wir noch gar nicht, wer Mae Dunn ist, aber jetzt erkennen wir die Frau, die neben dem stellvertretenden Schulinspektor sitzt, der *immer* noch nicht auf unsere Petition reagiert hat. Er bittet die Vertreterin der Schulbehörde, aufzustehen. Wir stehen auch auf und jubeln.

Ich schicke ein lautloses Danke Richtung Ms Lane, die in der Nähe auf der Tribüne sitzt.

Wir setzen uns wieder und sehen zu, wie unsere Lehrerinnen Preise verteilen: für sportliche Leistung (Gut gemacht,

Navya! Pokal-Königin!), für akademische Leistung (Gut gemacht, Olivia! NaWi-Königin!), für soziales Engagement (Gut gemacht, Club für gemeinnützige Arbeit!), Kunstpreise (Gut gemacht, Bea!), Preise für den besten Aufsatz (Liza und Pearl natürlich – gut gemacht!) und für Musik (Gut gemacht, Tom!). Wir jubeln unseren Freundinnen und Mitschülerinnen zu und tun so, als wären wir nicht alle nass geschwitzt, obwohl wir nur zu gern eiskalt duschen würden.

Ich tippe Megan von hinten auf die Schulter. »Du bekommst den Molly-hat-wegen-mir-bestanden-Preis«, flüstere ich. Sie nickt begeistert.

»Bevor wir zum Abschluss kommen«, sagt Ms Santos-Skinner, »habe ich Pearl Park gebeten, eins ihrer Gedichte vorzulesen. Sie hat sich zufällig mein Lieblingsgedicht ausgesucht.«

Pearls Hände zittern, als sie aufsteht. Sie geht aufs Podium, lehnt sich übers Mikrofon und spricht mit ihrer sanften, schönen Stimme:

Olivias Tränen

Als Olivias Tränen fielen,
verdunkelte sich der Himmel,
verstummten die Vögel,
fühlten die Käfer Schmerzen,
wie so oft.

Und dann, zum Trotz,
wuchs eine einzige Träne,
Molekül für Molekül.

Bis sie größer war als ich.
Bis sie größer war als du.

Sie wusch die Seide vom Kokon des Falters.
Sie erweichte die Dornen der Teerose.
Und die Hummel trank, um ihre Larven zu füttern.
Und die Meise breitete ihre benetzten Flügel aus.
Und die Spinne wusch ihr beschmutztes Netz.
Und das Streifenhörnchen badete seine müden Füße.

So viel hat eine Träne bewirkt.
So viel kann eine Träne bewirken.

Alles in Ordnung: ein Bären-Podcast
Episode eins

Mary Kate: Hallo, Fisher-Mittelschule und alle anderen da draußen. Hier ist Mary Kate Murphy, und ich übernehme
den Podcast von Molly Frost, früher bekannt als
Nicht in Ordnung: ein Kleider-Podcast, da Molly jetzt
auf die Highschool geht und wir beide der Meinung
sind, dass die Fisher weiter einen Podcast braucht.
Er heißt *Alles in Ordnung: ein Bären-Podcast*, und
ich werde jeden interviewen, der über ein Thema
sprechen will, das ihm wichtig ist. Ich werde sicher
viel über bedrohte Arten sprechen, denn das ist ein
Thema, das mir am Herzen liegt. Aber zunächst werde ich mich darauf konzentrieren, in unserem Staat
die Bärenjagd abzuschaffen. Es gibt viele Möglich-
keiten, den Bärenbestand zu kontrollieren, ohne sie
zu ermorden. Das weiß ich ganz genau.

Heute wollen wir aber erst einmal darüber berichten,
was alles passiert ist, um die alte Kleiderordnung
an der Fisher-Mittelschule zu ersetzen. Ich war Teil
der Arbeitsgemeinschaft, die die Kleiderordnung für
das bevorstehende Schuljahr umgeschrieben hat.
Bei mir ist nun meine Mitstreiterin Molly. Herzlichen
Glückwunsch, Molly. Wie fühlst du dich?

Molly: Ich bin so froh, dass wir es geschafft haben, bevor wir auf die Highschool gekommen sind. Jetzt können du und deine Freundinnen und die Schülerinnen, die in die siebte Klasse kommen, das neue Schuljahr anfangen, ohne sich Gedanken über die Kleiderordnung machen zu müssen.

Mary Kate: Das stimmt. Vielen Dank für alles, Molly.

Molly: Ich danke dir. Es war so mutig von dir, mitzumachen, da du ja noch ein weiteres Jahr auf diese Schule gehen musst.

Mary Kate: Jetzt, wo du weißt, dass du Dinge, die du als ungerecht empfindest, verändern kannst, wirst du dich dann auch an der Highschool für Veränderungen einsetzen?

Molly: Hmmm. Gute Frage. [Schweigt.] Ich glaube, dass es Ungerechtigkeiten geben wird, die sogar über die Highschool hinausgehen. Aber ich fange erst mal damit an, Schülerinnen aus anderen Bezirken bei ihrem Kampf gegen die ungerechte Kleiderordnung zu unterstützen.

Mary Kate: Das ist eine gute Idee. Möchtest du den neuen Schülerinnen der siebten Klasse etwas mit auf den Weg geben?

Molly: Ich würde sagen, dass es nicht immer leicht auf der Mittelschule ist. Freundschaften ändern sich von Woche zu Woche, und das ist auch nicht schlimm. Die Hausaufgaben und Prüfungen können stressig sein, aber ihr werdet euch daran gewöhnen. Und manchmal werdet ihr mitten in der Nacht aufwachen und euch selbst abscheulich finden, weil ihr euren Körper nicht schön findet oder die Pickel in eurem Gesicht, die aus heiterem Himmel aufgetaucht sind. Solche Gefühle kommen und gehen. Aber jetzt könnt ihr wenigstens etwas Bequemes anziehen und müsst euch keine Sorgen machen, dass ihr schikaniert werdet und euch dann noch unsicherer fühlt.

Mary Kate: Ganz genau.

Molly: Und ich würde auch sagen, dass den Jungs ungerechterweise ein schlechter Ruf anhängt. Wir wissen, dass ihr genauso unsicher seid wie wir auch. Jetzt könnt ihr zur Schule gehen, ohne dass euch jemand beschuldigt, von Schultern oder Schlüsselbeinen abgelenkt zu werden.

Mary Kate: Da ist was dran. Sonst noch was?

Molly: Denkt daran, ihr habt Ms Lane und Mr Beam und Ms Santos-Skinner und Mrs Tucker und Mr Lu. Wenn ihr Probleme habt, dann haltet euch an Lichtgestalten. Sie sind Lichtgestalten. Ach ja, und bloß nicht vapen.

Mary Kate: Ja, ihr neuen Siebtklässler, Vapen ist widerlich.

Molly: Falls ihr uns braucht, sind wir da, FMS. Highschool-Schülerinnen sind nicht so schrecklich, wie sie aussehen. Versprochen.

Mary Kate: Vielen Dank, Molly. Wir lieben dich.

Molly: Ich euch auch, Fisher-Mittelschule.

Die erneuerte Kleiderordnung
an der Fisher-Mittelschule

Schüler*innen müssen Folgendes tragen:

- ein Oberteil (Shirt, Pullover oder Kleid);
- ein Unterteil (Hose, Jogginghose, Shorts, Rock, Kleid oder Leggings); und
- Schuhe (angemessenes Schuhwerk im Laborraum und beim Sportunterricht mit eingeschlossen).

Schüler*innen dürfen Folgendes nicht tragen:

- Kleidung, die Hassrede, Obszönitäten oder illegales, anstößiges oder gewalttätiges Tun darstellt.

Ansonsten sei einfach du selbst.

Nachwort

Liebe Leser*innen,

ich habe GIRL POWER geschrieben, um auf ein in den USA weitverbreitetes Problem aufmerksam zu machen: die unfairen und ungleichen Kleidervorschriften, die sich nämlich überproportional vor allem an Mädchen richten. Nachdem ich viele Teenager*innen zu ihren Erfahrungen mit der jeweiligen Kleiderordnung befragt habe, stellte ich fest, dass die schulische Durchsetzung dieser Regeln nur ein Symptom für ein noch viel größeres Problem ist.

Es gibt zahlreiche geschichtliche Beispiele dafür, dass die Gesellschaft Frauen und Mädchen schon immer strenge Regeln hinsichtlich ihrer Kleidung auferlegt hat. Vom Verbot, ihre Knöchel zu zeigen, im 19. Jahrhundert bis hin zu dem Vorwurf an moderne Mädchen und Frauen von heute, das Tragen bestimmter Kleidung – Kleidung, in der sie sich wohlfühlen – sei bloß der Versuch, eine unangemessene Art von Aufmerksamkeit von Männern und Jungen zu erhalten. Solche Kleiderordnungen und Schmähungen sind vor allem eines: der Versuch, Frauen zu kontrollieren, zu bevormunden und sie zu unterdrücken.

Mein Wunsch ist es, dass junge Menschen, Eltern und Lehrkräfte etwas aus diesem Buch mitnehmen. Ich hoffe, junge Leute werden anfangen, Regeln infrage zu stellen. Ich hoffe, Eltern werden ihre Einstellung überdenken, wenn es um die Überwachung der Kleiderauswahl ihrer Kinder geht. Und ich hoffe, Lehrkräfte werden erst innehalten und nachdenken, bevor sie Schüler*innen für ihre Kleidung maßregeln.

Mit diesem Buch über Molly und ihren unermüdlichen Einsatz gegen die unfaire Kleiderordnung an ihrer Schule, wollte ich jungen Menschen auch eine Art Plan an die Hand geben. Eine Anleitung für friedlichen Protest. Die Kinder von heute wachsen in einer Zeit auf, in der sich die sozialen tektonischen Platten um sie herum massiv verschieben. Sie gehen für das, was ihnen wichtig ist, auf die Straße. Sie fordern von Erwachsenen Veränderung – in Bezug auf Waffengesetze, Klimapolitik, Rassismus, Armut und andere Probleme, mit denen unsere Welt konfrontiert ist. Viele junge Menschen wollen Veränderung und sind bereit, leidenschaftlich dafür einzustehen. Sie wissen viel zu oft nur nicht, wo sie anfangen sollen. In GIRL POWER finden sie Inspiration dazu, wie sie mit kleinen Schritten kleinere und größere Probleme angehen können.

Nicht zuletzt geht es in diesem Buch auch um Familie und Freundschaft, und darum, dass es zu Hause oder in der Schule nicht immer perfekt ist. Aber gerade dann müssen wir uns selbst nach Menschen umschauen, die uns dabei helfen, unserer Stimme Gehör zu verschaffen und unseren Platz in dieser Welt zu finden.

Vielen Dank fürs Lesen und #DressInPeace!
Carrie Firestone

Danksagung

Ich möchte den Frauen, die dieses Buch beflügelt und geprägt und die daran geglaubt haben, danken. Ihr seid die Glühwürmchen, die der Geschichte den Weg geleuchtet habt:

Emily Firestone
Lauren Firestone
Lindsay Snyder
Juli Berrio
Marissa Blaha
Jordan DuBois
Ella Young
Dann Barcellos-Allen
Alissa Mills
Lashantee Crawley
Tanya Contois
Callista DeGraw
Sabrina DeGraw
Madison Edwards
Lisa Levinger
Gabi Levinger-Louie
Margaux Levinger-Louie
Vicki Judd
Taylor Armstrong
Anna Szekeres

Mary Wirpel
Jestina Gilbert
Amanda Finman

Danken möchte ich auch unserem Schulbezirk in Avon, Connecticut – Dr. Bridget Carnemolla, Laura Young, Jackie Blea und Debi Chute – dafür, dass er uns gezeigt hat, wie eine Kleiderordnung sein sollte.

Ich danke dem #TeamEleni, ForwardCT und unserer furchtlosen Anführerin Eleni Kavros DeGraw, dass sie mir gezeigt haben, wie das Beste einer Gemeinschaft aussehen kann.

Ich danke Leora Tanenbaum dafür, dass sie @gekleiderordnet wurde, und Laura Orsi und Clara Mitchell dafür, dass sie die beeindruckende #PassTheSkirt-Bewegung ins Leben gerufen haben.

Ich danke auch Denise Alfeld, den Pandas und allen befreundeten Autor*innen.

Ich danke meiner Familie und meinen BFFs für ihre unerschütterliche Liebe und Unterstützung in all den Jahren.

Ich danke Sara Crowe, Königin der Glühwürmchen, und dem fantastischen Team von Pippin dafür, dass ihr immer zu mir haltet. Ich danke Stephanie Pitts für ihr Verständnis, ihren Scharfsinn und ihre harte Arbeit, Jen Klonsky und dem Team von Putman für ihre Unterstützung und Begeisterung, Tyler Feder für ihre wunderschönen Illustrationen, Maggie Edkins für die Covergestaltung und Suki Boynton für die Innengestaltung.

Und ich danke dir, Michael Firestone, dass du mit drei starken Frauen zusammenlebst (wenn man Roxie mit dazuzählt, dann mit vier) und dass du immer auf unserer Seite bist.

In den 1850ern begann eine kleine Gruppe von Reformerinnen, Gründe gegen die einschränkende Kleidung vorzubringen, die Frauen in dem Zeitalter anziehen mussten. Daraufhin wurden sie verspottet, verachtet und verurteilt. Aber sie haben nie aufgegeben. Sie haben den Boden für jahrzehntelange Kleiderreform-Bewegungen bereitet. Sie haben uns gezeigt, dass es ungerecht ist, Frauen zu kontrollieren, einzuschüchtern, zu demütigen und zum Schweigen zu bringen, nur weil sie etwas tragen, was bequem ist. An all die, die spätere Generationen wachgerüttelt haben, für all die mutigen Stimmen im Kampf für Gerechtigkeit für ALLE Frauen – euch widme ich dieses Buch.

Die Autorin

Carrie Firestone war Highschool-Lehrerin in New York City, bevor sie 2014 schließlich mit dem Schreiben begann. Die Autorin der Jugendromane *Als wir unendlich wurden* (Arena, 2016) und *The Unlikelies* (2017) hat ihre Erfahrungen als Lehrerin jetzt in ihrem Kinderbuchdebüt *GIRL POWER – Jetzt reden wir!* niedergeschrieben. Carrie Firestone lebt mit ihrem Mann, ihren zwei Töchtern und den gemeinsamen Hunden in Connecticut.

Die Übersetzerin

Barbara König, aufgewachsen in Asien, Irland und den USA, studierte Slavistik, Politik und Geschichte in Bonn und Moskau. Bücher begleiten sie schon ihr ganzes Leben lang, erst als Leserin, dann als Lektorin, Programmleiterin und Verlagsleiterin. Heute lebt sie als Literaturübersetzerin und Lektorin in Hamburg.